《易经》养生智慧

宋敬东
付易昌 ◎ 编 著

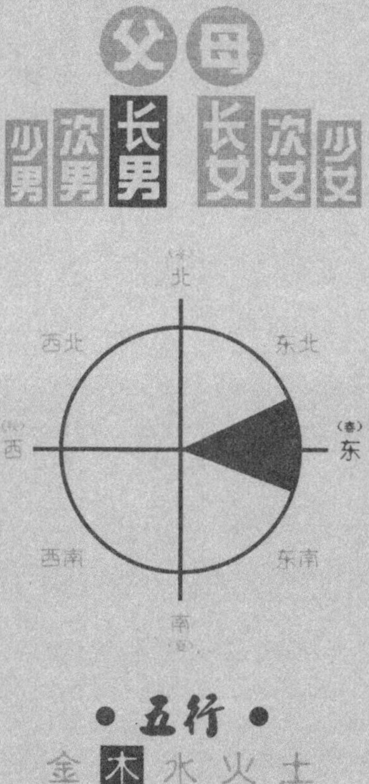

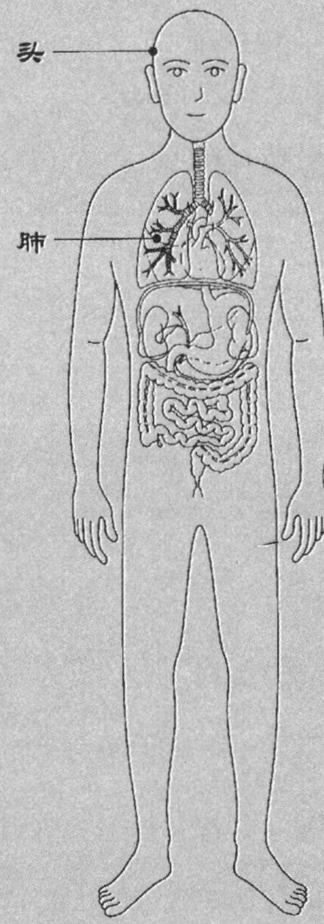

天津出版传媒集团
天津科学技术出版社

图书在版编目（CIP）数据

《易经》养生智慧 / 宋敬东，付易昌编著 . -- 天津：天津科学技术出版社，2013.5（2020.10 重印）

ISBN 978-7-5308-7847-7

Ⅰ . ①易… Ⅱ . ①宋… ②付… Ⅲ . ①《周易》—关系—养生（中医）Ⅳ . ① B221.5 ② R212

中国版本图书馆 CIP 数据核字（2013）第 070240 号

《易经》养生智慧

YIJING YANGSHENG ZHIHUI

策 划 人：杨 譞

责任编辑：孟祥刚

责任印制：兰 毅

出　　版：天津出版传媒集团 / 天津科学技术出版社

地　　址：天津市西康路 35 号

邮　　编：300051

电　　话：（022）23332490

网　　址：www.tjkjcbs.com.cn

发　　行：新华书店经销

印　　刷：三河市万龙印装有限公司

开本 720×1020　1/16　印张 12　字数 208 000

2020 年 10 月第 1 版第 2 次印刷

定价：45.00 元

前言

《易经》亦称《周易》，是我国最早的哲学著作，是古人以卦的形式记录自然现象、阐述阴阳变化的名著。提起《易经》，人们往往都认为它是一本占筮之书，跟养生学没有什么关系。事实上，《易经》与养生学有着深厚的渊源。《易经》的阴阳五行、九宫八卦、天人合一等理论对养生学的发展产生了深远的影响。而被认为是中国人养生治病的经典的《黄帝内经》，其实只不过是《易经》的一条分支，被称为《易经》的“医传”。因为《黄帝内经》中的阴阳五行说、气化学说、经络学说、藏象学说、药物归经、药的升降沉浮与四气五味、五运六气学说、子午流注学说等等，都与《易经》有着深厚的渊源，特别是阴阳五行学说，它直接来源于《易经》，并在中医理论中得到了充分的运用。除了《黄帝内经》，还有很多的医学典籍，都是直接或间接从《易经》发展而来的。古人云：“不知易，不足以言太医”，“医不可无易，易不可无医”。可见，《易经》不仅是中国古代群经之首，同时也是一部蕴含着丰富的医学理论和深刻的养生智慧的经典著作。

《易经》是中国传统文化的代表，以八卦学说为理论工具，以五行学说为灵魂，而其精髓归根到底就是“阴阳”二字，所谓“一阴一阳之谓道”。养生为长寿之道，其真谛正是调和阴阳，百病不扰。所谓易经养生，就是将阴阳五行平衡与和谐的哲学思想应用到生命和生活，这种大道至简的养生法，早在两千多年前，就备受先贤们的推崇。因此，《易经》用于指导养生是再合适不过了。

现代人生活节奏加快，压力增大，身体的各种机能出现了不同程度的问题，而《易经》提倡的以维护阴阳平衡为宗旨的养生之道正可以帮助人们通过协调人体的各种机能来保持身体的健康。作为一部在养生方面有着深远影响的著作，《易经》在指导人们如何防病、治病以及延年益寿等方面均有很多独到的见解。本书试图用最通俗易懂的语言、最简单明了的方式揭示《易经》中所蕴藏的养生之道，以指导现代人的生活。全书共分“《易经》的养生系统”“阴阳五行养生”“八卦养生”“同气相求与五脏六腑保养”“时间养生”“方术养生”“居家养生”七章，第一章是总论，系统阐释了“医易同源”的养生理论以及《易经》中所包含的养生思想；二到七章分别从阴阳五行、八卦、经络、时间、方术、居家等六个方面提取符合现代人生活规律的养生之法，深入浅出，简便可行。通过本书，女性可以领悟《易经》的养颜心经，永葆青春；男性可以获得《易经》调养身心之方，保持活力；老人可以得到《易经》长寿之道，尽享天年；孩子可以习得《易经》护养身心之法，健康成长。

《〈易经〉养生智慧》图文并茂，深入浅出，立足于现代人的生活，内容全面，方法实用，通俗易懂，即查即用，是中国家庭必不可少的养生工具书。

目录

第一章 《易经》的养生系统

第一节 医易同源

第二节 《易经》中的养生思想

第二章 阴阳五行养生

第一节 阴阳平衡

第二节 五行平衡

第三章 八卦养生

第一节 八卦与生命

第二节 六十四卦中的养生智慧

第三节 八卦与相关临床诊法

第四章 同气相求与五脏六腑保养

第五章　时间养生

第二节 动功养生法

第七章 居家养生

第一节 房事养生

第二节 环境养生

附 经络保健养生操

第一章

《易经》的养生系统

第一节 医易同源

医易文化是中华科学文化的代表，是太极文化的精粹，是我国古代先民、先哲、先贤、先圣们智慧的结晶，博大精深又源远流长，千百年来为中华民族的繁衍生息和发展富强作出了不可估量的贡献。中国历代名医大多同时也是易学大师，他们很多时候都用《易经》理论指导施药，孙思邈还发出『不知易，不足以言太医』的感慨。

1.为什么说伏羲是中华养生的鼻祖?

中国古代养生的起源甚早，它以“天人合一”为基本思想，以易理为思维工具。

如《黄帝内经·素问·上古天真论》曰：“上古之人，其知道者，法于阴阳，和于术数，食饮有节，起居有常，不妄作劳，故能形与神俱，而尽终其天年，度百岁乃去。”显然《黄帝内经》所讲的“上古之人”要比黄帝早得多，否则就不能称其为“上古之人”了。不少研究《易经》的专家认为，上古时期至少可以追溯到伏羲时代。

伏羲氏始作八卦，离不开“近取诸身”和养生实践，《云岌七签·卷一道德部》引唐代陆希声《道德经传序》曰：“昔伏羲氏画八卦，象万物，穷性命之理，顷道德之和。老氏亦先天地，本阴阳，推性命之极，原道德之奥。此与伏羲同其原也。”

既然伏羲时代八卦已经创立，它就对古人的养生活动有一定的指导作用。可见古人认为伏羲是早于黄帝、老子的“推性命之极、原道德之奥”的宗师。中国古人的养生实践与天文历法、河图洛书及八卦、六十四卦等易学系统之间存在一种必然的联系。

中国古代养生以“天人合一”为基本思想

2.伏羲有何功绩？

伏羲最大的功绩是创立了八卦。在甘肃省天水北道区渭南乡西部，有一卦台山，相传这里就是伏羲画八卦的地方。传说在伏羲生活的远古年代，人们对于大自然一无所知，当下雨刮风、电闪雷鸣时，人们既害怕又困惑。天生聪慧的伏羲想把这一切都搞清楚，于是他经常站在卦台山上，仰观天上的日月星辰，俯察周围的地形方位，有时还研究飞禽走兽的脚印和它们身上的花纹。

有一天，他又来到了卦台山上，正在苦苦思索他长期以来观察到的现象之间的联系。突然，他听到一声奇怪的吼声，只见卦台山对面的山洞里跃出一匹龙马，马身上有非常奇特的花纹。它一跃就跃到了卦台山下渭水河中的一块大石上。这块石头形如太极，配合龙马身上的花纹，顿时让伏羲有所了悟，于是他画出了八卦。

八卦的意义，在于它博大精深的文化内涵。而以它为特征的伏羲文化，到现在仍吸引着国内外无数学者在进行探索和研究。而且当代的许多学科也都深受其影响，并从中得到启示。据说德国大数学家莱布尼茨发明二进制，也是受了八卦的启发。

3.广成子向黄帝传授的养生秘诀是什么？

话说上古时代，黄帝治理天下，伐暴徒，兴百工，用贤良，一时之间能人辈出，天下归于太平，百姓都过上了安定的日子。可是，有一天，负责文字的大臣仓颉因劳累过度，无疾而逝。黄帝有感于仓颉的逝世，觉得生老病死有太多的变数，于是下决心寻找养生的精微之道。他辗转多次找到了圣贤广成子。

黄帝问：“我听说您道行高深，那么我想请求您教诲，如何才能长生不老呢？”

广成子说：“至道的精微处，深广无边；至道的广大处，无穷无尽。要体察它的玄奥，你必须无视无听，抱神守静，如此将形神自正，心神就会清明。长此下去，不要劳动你的形体，不要动摇你的精气，更不可思虑万千。做到了耳无所闻、心无所知，你的元神自会守住你的形体，如果一意刻求俗理，必然会导致心身衰败。至阴之气重浊，至阳之气轻浮；轻浮之清气来源于天际，重浊之阴气发始于大地。我为你指明通往上界光明的根源，那是至阳的源头；进入幽冥之门，那是至阴的源头。天地各有所作用和制约，阴阳也各有所依附，慎守你的心身，你就会日渐强壮。我守纯一真元，使它常处和平境界，故我修身千二百岁了，我的形体未尝衰老过。”

从黄帝与广成子之间的对话，我们可以得知长生的奥妙：如果要长命百岁、颐养天年，就得远离一切外界的诱惑和干扰，修身养性。广成子是一位得道之人，道教养生恰好是《易经》养生的一个部分。

4.尧舜时期为何崇尚舞蹈养生？

如今，舞蹈是一门文化艺术，跳舞是人们喜闻乐见的一种文娱活动。然而在我国古代，舞蹈最早起源于防病治病、养生保健。

早在伏羲之前的阴康氏时代，舞蹈形式的导引养生方法就出现了。如《路史·前纪九》记载："阴康氏时，水渎不疏，江不行其原，阴凝而易闷，人既郁于内，腠理滞着而多重腿，得所以利其关节者，乃制为舞，教人引舞以利导之，是谓大舞。"这段话大意是说，在阴康氏时代，人们为了对抗由于阴湿导致的风湿病而编排出适当的舞步来疏导体内的湿气。

从阴康氏到尧舜时经过几千年的时间，这种健身之舞得到了很大的发展和普及。在尧舜时期，全民皆舞。

尧舜时期，全民皆舞

5.什么是"禹步"健身法？

继尧、舜之后的大禹，为治水竭尽全力，栉风沐雨，跋山涉水十余年，而自己却得了偏枯病。大禹为了治病，在传统健身之舞的基础上，创造了"禹步"健身法。"禹步"是以洛书为理论根据编创的，包含着深厚的"天人合一"思想。

唐代孙思邈《千金翼方·禁经》对"禹步"的描述是：

"凡禹步法，移步左右脚，前后不同。几欲作法，必先取三光气，又禹步，然后作法验矣。三光者，日月星。禹步者，或三步七步九步不定。若欲受三光气者，极晴明日，向日两脚并立，先所愿事随意多少小咒之，然后取禹步三步也。所欲步时，先举头看日光，后开口吸取日光明，即闭口塞气至三步始得放气也。三步者，从立处两过移脚始成一步。三步即是六过移脚也。向日光禹步时，左脚先移，右脚后移。若向月星二光禹步时，并右脚先移，左脚在后也，但步数不同耳。若向星禹步时，须满九步也。九步者，向日中三步，更足六步耳。又向星禹步作九步，时既长久，若一气不得度，是以三步作一闭气，则九步即三过闭气也。"

6.如何理解“易具医之理”？

《易经》中蕴涵着丰富的医学思想，并为医学的发展奠定了坚实的理论基础。这就是历来所谓的“易具医之理”。具体可从以下几点来讲：

“生生之谓易”，要讲人生的道理，自然要涉及人生命的养护，要讲人生命的养护，自然又要讲生病治病的道理，即涉及医道、医学。

《黄帝内经》中把阴阳与自然界四时及人体相结合，创造性地提出了四时五脏阴阳的观点，把阴阳哲理灵活地应用于解释医学，使《易经》的阴阳学说在实际应用中得到了升华。

《易经》八卦蕴涵着宇宙全息统一论的思想，能把万事万物组成一个有机的系统。中医将这一原理应用于诊断，提出了许多独具特色的理论。例如中医的面部形色八卦诊法，就是在长期临床经验的基础上，将面部分为八个区域与八卦方位相对应，据此推断脏腑的病变情况。

7.如何理解“尚中”？

通观我国传统医学，可以看到其中同样蕴涵着丰富的易理。并且，中医学在应用易理的过程中，又丰富和发展了它。“尚中”是《易经》八卦原理的重要内容之一，倡导一种无太过也无不及的适中状态。中医在防病治病的原则中，很突出地运用了这一原理。例如中医讲的“恬淡虚无”“起居有常”等养生原则，都贯穿了“尚中”思想。中医学认为，疾病发生的根本原因在于人体阴阳的失调，所以运用“尚中”原理来调整人体阴阳的错乱，是防病、治病的一个重要原则。

8.中医中具体的尚中思想有哪些？

（1）恬淡虚无

《素问·上古天真论》说：“恬淡虚无，真气从之，精神内守，病安从来。”这是说，只要思想上安定清静，不贪欲妄想，使真气和顺，精神守一，就不会发生疾病。《素问·上古天真论》这种相对稳定的思想状态是一种不偏不倚、无太过无不及的适中状态，是人体元气运行的最理想环境，包含着“尚中”的原理。

（2）法于阴阳

人禀天地之气而生，于是要效法天地自然之道。《黄帝内经》极为强调“法于阴阳”的作用和意义，在《素问·四气调神论》中提出“四时阴阳者，万物之终始也，死生之本也。逆之则灾害生，从之则苛疾不起，是谓得道。道者，圣人行之，愚者佩之”的观点，一个“道”字蕴涵着“尚中”的全部内容。

（3）食居有常

《素问·上古天真论》提出“饮食有节，起居有常，不妄作劳”的养生原则。“饮食有节”是后天化源的保证，水谷精微能化生营卫气血充养机体。“起居有常”是“法于阴阳”的保证。“不妄作劳”是保存能量的保证，是精力充沛的基础。这种思想就是不偏不倚、无太过无不及的“尚中”原则。

9.《易经》的尚中思想对中医有何影响?

易道尚中，中医的理、法、方、药都离不开“中”字。选方用药，掌握药味、药性和药力，都以“中”为宜，过与不及都不能达到扶正祛邪的目的。如《既济卦》与《未济卦》二卦相对，相互对立转化。临床上心火与肾水未济，可致心神不宁、腰痛头晕等症。如水不涵木而致风火上窜，头疼目赤，用“滋水涵木”法治疗，可使水火既济，保持阴阳平衡。中医学维持机体稳态的治疗原则，与《易经》象卦之理息息相通。

10.为什么说《黄帝内经》是《易经》的“医传”?

“易”与“医”同源，已是人所共知的常识。唐代中医大家孙思邈曾说：“不知易，不足以言太医。”明代张介宾说：“虽阴阳已备于《内经》，而变化莫大乎《周易》。”(《类经图翼·医易义》)清代章虚谷在《医门棒喝》中更进一步说：“《易》之书，一言一字皆藏医学之指南。”易学既然是中医学的理论基础，那么作为中医学重要部分的养生学理论也必然是以易理为基础的。

中医的理论经典《黄帝内经》成书于战国至两汉之间，充分汲取了《易经》的精华，并把它创造性地和医学相结合，使中医成为了一门具有很高哲学水平的自然科学。《黄帝内经》中的阴阳五行学说、气化学说、经络学说、脏象学说、药物归经、药的升降沉浮与四气五味、五运六气学说、子午流注学说等，都与《易经》有着深厚的渊源。特别是阴阳五行学说，它直接来源于《易经》，并在中医理论中得到了充分的运用。所以说《黄帝内经》是《易经》的医传。

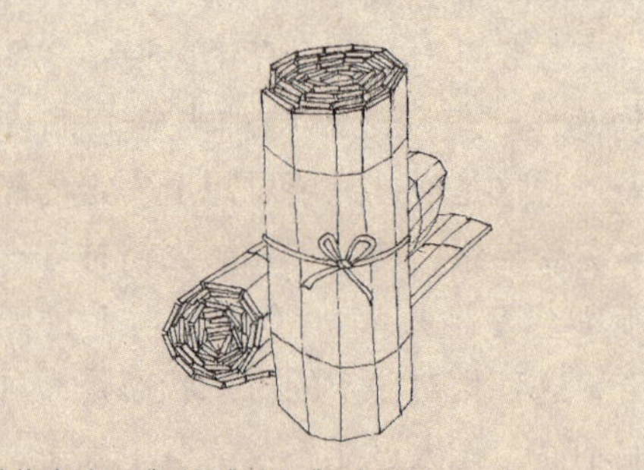

《黄帝内经》是《易经》的医传

11.《易经》的“天人合一”观念对中医有什么影响？

对于现代的一个个疑难杂症，如心脑血管疾病、癌症、艾滋病等，西医处理起来显得力不从心。原因是这些病症多属于整体性疾病，病因复杂隐匿，疾病的发生和变化受到多种因素的影响和牵制。然而西医之短，却恰是中医所长，中医的整体动态观察特点，有助于深入认识现代疑难病的本质。

中医的这种整体思维特点来自于《易经》中“天人合一”的整体观。与西医把人体视为一个孤立的封闭系统，生病是人体与其生存环境中的致病因子相抗衡的过程这一主体思维模式不同，中医则把人体看成是一个与外在世界的变化对立统一的开放系统。在这个系统中，人体内在各个部分之间的不平衡被认为是人体疾病产生的根本原因，疾病的发展则是阴阳失调、邪正斗争的过程。中医重视生病的内因，有“邪之所凑，其气必虚”“正气存内，邪不相干”的观点，认为治病就是调整阴阳，扶正祛邪，调节人体各部分之间的平衡，从而避免人与自然之间矛盾的激化。

中医的这种来自《易经》的古老而独特的整体思维方式，对现代人体科学的研究有着非常重要的启迪作用。可是说，是《易经》的“天人合一”观念成就了中医。

《易经》“天人合一”观念成就了中医

12.中医诊法与八卦有何关系？

《易经》中的八卦蕴涵着全息的整体观念。其中六十四卦是一个大信息系统，而每一卦又是一个小信息系统，是大系统的组成部分。所以八卦信息蕴涵着宇宙全息统一论的思想，能把万事万物组成一个有机的系统。人们只要掌握了八卦的整体结构，就能推断、预测各方面的信息。中医将这一理论应用于诊断，提出了许多独具特色的理论。例如，中医脉诊是以八卦原理为依据的。以脉位而言，爻有三位，脉有三部。六十四卦每卦之爻分天、地、人三才，人体脉象也有天、地、人三位，寸、关、尺三侯。除此之外，手部、眼部、舌部等形色八卦诊法，也都是依据八卦原理创立的。

13.“四时五脏阴阳”理论的内容是什么？

《易经》八卦的两个基本卦符所代表的阴阳，及《易经》卦象所蕴涵的阴阳哲理，是中医学的起源。《黄帝内经》就吸收了《易经》阴阳学说的精华，使阴阳哲理成为中医学的基础理论，有力地促进了中医学的发展。同时，《黄帝内经》还把阴阳与自然界四时及人体相结合，创造性地提出了“四时五脏阴阳”的观点，把阴阳哲理灵活地应用于解释医学。

人体是一个开放的复杂巨系统，不断与外界进行物质、能量、信息交换。中医学“四时五脏阴阳”理论认为人与环境是有机联系的整体，这一思想已成为中医学整体观、辩证观以及中医时间医学的基本内容。机体不同脏腑器官的功能活动可随着外环境的时序变化而呈现出各自的周期性节律变动，则是其中的重要特征。

14.《易经》的“潜龙勿用”对中医养生有何影响？

“潜龙勿用”是《易经》哲学思想的又一重要命题。《乾卦》初九曰：“潜龙，勿用。”龙是指龙星。《说文》曰“龙，春分而登天，秋分而潜渊”，故“潜龙”是指潜渊之龙，隐而不见。爻辞提醒人们，处在这种状态便应静而不动，以伺时机。

中医养生接受了《易经》这一哲学思想，提出了“不妄作劳”的养生观点。《黄帝内经》曰：“上古之人，知其道者，法于阴阳，和于术数，饮食有节，起居有常，不妄作劳，故能形与神具，而尽终其天年，度百岁乃去。”在此把“不妄作劳”作为“尽终天年”的必要条件之一，可见其在养生学中的重要地位。

“不妄作劳”是“尽终天年”的必要条件

15.怎样做到“不妄作劳”？

“不妄作劳”是中医重要的养生思想，在日常生活中，应当从以下几个方面入手：

第一，要做到“精神内守”。中医养生注重内因，所谓“精神内伤，身必败亡”“正气存内，邪不可干”。真气的保养是人体健康的重要标志。所以《黄帝内经》主张“恬淡虚无，真气从之，精神内守，病安从来”。

第二，要注意节制房事。情欲是人

之本性，两性活动是人的本能，正常的性生活有利于人体的健康。然而房事必须有节，若恣情纵欲，房劳过度，便会“耗伤肾精”，动摇根本，导致阴阳失调、早衰及百病丛生。

第三，注意饮食有节。饮食是人类赖以生存并保持健康的重要条件之一。《需卦》九五：“需于酒食，贞吉。”人是需要服食酒食的（古人的酒是用粮食果类发酵而成的，度数较低），但不能“困于酒”，故要达到“酒食贞吉”，必须“节饮食”。

第四，注意劳逸适度。《黄帝内经》反对“过劳”，它告诫人们“劳则气耗”，劳力过则气少力衰，精神疲惫；劳心太过，则明血暗耗，心神失养。

16.“四气调神”是怎样的养生思想？

众所周知，《易经》中蕴涵着“天人相应”的哲学思想。人与自然是一个整体，人类只有顺应自然界的变化而变化，才能与天地日月共存，达到颐养天年的目的。中医养生完全吸收了《易经》这一哲学思想，提出了“四气调神”的养生观点。所谓“四气调神”，就是说顺应自然界四时气候的变化，调摄精神活动，以适应自然的规律，达到养生防病的目的。

《黄帝内经》根据自然界“春生、夏长、秋收、冬藏”的自然变化规律，提出了“四气调神”的具体做法，即春夏养阳，秋冬养阴。“养阴”只是为了配合“养阳”，《黄帝内经》养生最注重的就是“养阳”。人体阳气充沛，则精神焕发，就能达到预防疾病、健康长寿的目的。

17.怎样做到未病先防？

未病先防，就是疾病未发生之时，做好预防工作以防止疾病的发生，从而维护机体健康。疾病的发生，与正邪两个方面有关。正气不足是疾病发生的内在根据，邪气是发病的重要条件。所以，未病先防应做到两个方面：

（1）培养正气，增强体质，提高抗病能力

正气的强弱由体质决定，体质的强弱与先天及后天的因素密切相关。所以，首先要注意健全先天，优生优育，避免近亲结婚，注意妊娠期的养胎、胎教等。同时要重视后天的全面调理，增强体质，这是提高机体抗邪能力的关键。该如何全面调理呢？一要调摄精神，避免七情过激；二要调理饮食，固护脾胃；三要锻炼身体，增强体质；四要起居有常，劳逸适度；五可进行药物和预防接种。

（2）防止邪气的侵袭

在提高正气抗邪能力的同时，还要防止邪气的侵害，应做到以下几个方面：一要讲究卫生，注意防止环境、饮食和水源被污染，预防呼吸道和消化道等疾病。二可用药物防止病邪侵入，运用中草药预防疾病也可收到良好效果，如用贯众、板蓝根或大青叶预防流感和腮腺炎，用茵陈、栀子等预防肝炎，用马齿苋等预防菌痢等。三要注意隔离传染病患者，避免与之接触，这也是预防病邪传染的重要措施之一。四要防止不利于健康的因素产生，如七情、饮食过饥过饱和偏嗜、劳逸不当等。五要防范各种外伤，如金刃伤、跌打损伤、持重努伤、虫兽咬伤等，在日常生活和劳动中必须经常留心防范，杜绝事故，防止外伤性疾病的发生。

养生如筑堤，要未病先防

18.《易经》对中医的防治学有何影响？

《易经》对中医防治学的影响很大，如《坤卦》初六曰“履霜，坚冰至”，强调防微杜渐，和《黄帝内经》治未病的防治思想相一致。《易经·否卦》云：“其亡！其亡！系于苞桑。”人在面临严重时刻，倘能经常保持“我将灭亡！我将灭亡！”的警惕，加强身体锻炼，这样不但不会灭亡，还会像根深蒂固的桑树一样长生。《易经》的这种“防患于未然”的思想，用在中医学中就是“防微杜渐”，“不治已病治未病”。

中医学所谓“不治已病治未病”，实际上就是防止疾病的发生和发展，强调“防患于未然”，这种“防”重于“治”的思想非常具有现实意义。“预防为主，防治结合”，就成了中医学治病的一个方针。

19.如何做到既病防变？

既病防变，是指如果疾病已经发生，则应争取早期诊治或采取“先安未受邪之地”的方法，以防止疾病的发展传变。

（1）早期诊治

一般疾病在早期多轻浅而易治，对正气的损害也不甚，故易于恢复健康。如急性肝炎、肾炎，早期治疗，效果较好。

（2）防止传变

防止疾病的发展传变，清代名医叶天士提出的“务在先安未受邪之地”即是此义。所以，在临床上必须掌握疾病传变规律。如外感病之六经传变、卫气营血传变、三焦传变等，及时采取适当的防治措施，可以抑制疾病的发展或恶化。内伤病中，如治疗肝病，常配合健脾助运的方法，可以防止肝病传脾，这就是既病防变的具体运用。

20.《易经》与现代遗传学有何关联？

在现代遗传学中，DNA（脱氧核糖核酸）核苷酸顺序和蛋白质中的氨基酸顺序之间的关系称为遗传密码。遗传密码是由碱基的三联体（相当于《易经》八卦的三爻）组成，可在DNA分子上按顺序读出，且互不重叠。

DNA是生命形式的普遍遗传物质。同《易经》的太阴、太阳、少阴、少阳一样，DNA也由四种不同的碱基组成，即腺嘌呤和鸟嘌呤、胸腺嘧啶和胞嘧啶。DNA的结构呈双螺旋形式，这也同《易经》中的阴阳两个基本符号相似。

21.易医诊治的内涵是什么？

这里所说的易医诊治，是一个易医结合、诊治一体的临床医疗模式。其中易医诊断是指运用易的技术以卦诊病与中医临床中的辨证论治的结合。易医诊断的易学特色在于临床中引易入医、以易论医、以卦解医、以卦测病，其中医的特色是辨证论治。易医诊断是易医互融、互补、互生、互用。而八卦疗法本身是以易学阴阳、八卦、五行理论为核心，以中医藏象学说为基础，以气功默念激发人体内能量为基本方法的易医疗法。这样，易医诊断与八卦治疗，实际上就是易医的诊断与治疗在实践中自然而然又必然地实现了“对接”，形成了一种易医结合、诊治一体的新模式。易医诊断与八卦治疗，体现了一体相融、一理相通、一脉相承；体现了易医科技中的大道同源、大道同德与大道同简。

22.易医诊断和疾病的预测有什么关系？

一般地说，对疾病的诊断与对疾病的预测是有联系又有区别的两个概念。所谓疾病预测是指对疾病未来发展变化状态的推测与描述。而疾病诊断，主要是对疾病现实状态的诊测与判断。易医诊断不同于一般的疾病诊断和疾病预测，主要表现在，它不仅对疾病的未来状态做出预测，更主要的是对疾病的现实状态进行分析判断和辨证论治。因此这样的诊断不仅具有超前性，同时又体现了易医结合的特点。实践表明，易医诊断虽然具有一定的超前性，但这不是其主要功能，对疾病的预测也要以对疾病现实状态的判断为基础。正因如此，我们认为疾病预测一般还是属于诊断的范畴，但又不能将易医诊断完全等同于疾病预测。

23.易医诊断有什么样的优势?

从古至今，许多以卦测病的实例只是辨“症”而没能辨“证”，即只是指出患者有哪些病，而没有进一步辨证论治。我们的易医诊断，不仅以卦测病，诊断其病，还要进一步分析辨证，是对疾病的病症、病位、病性、病势的概括，是对疾病本质的揭示，从而根据治则提出治法和处方，或“同病异治”，或“异病同治”，以发挥辨证的优势。

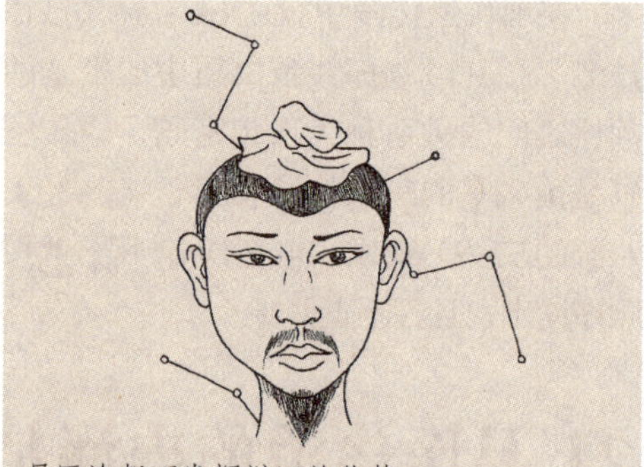

易医诊断可发挥辩证的优势

24.易医诊断就是中医诊断吗?

易医诊断不完全等同于中医诊断。中医传统的诊断方法是望、闻、问、切，又称“四诊”。望诊，是通过医者的视觉去观察病人的形色变化的一种诊法。人体内部的病变必然反映到体表，所谓“有诸内，必有形诸外”。通过观察神色或形态的异常变化而对患者的病因做出判断，包括辨神色（青、黄、赤、白、黑五色）、察目、辨络脉、望形态、舌诊等。闻诊，是通过听取病人所发出的种种声音的变化以测知患者的正气盈亏和病邪的盛衰。问诊，是通过病人的主诉，了解病人的自觉症状和疾病变化的情况。切诊，包括切脉和按诊，凡切按病人的脉搏、胸腹、皮肤、手足等，均属切诊的范围。

易医诊断，在方法上是对传统的望、闻、问、切这“四诊”的突破，主要是择取临床情境中的某些信息，比类取象、以象定卦、以卦诊病、辨证论治。当然易医用卦诊病的方法并非排斥“望闻问切”，在临床实践中，“四诊”获得的某些信息，有时也对医者的分析思路产生这样或那样的影响；“四诊”的某些信息有时也会进入医者的潜意识之中，构成了临床情境中的“特殊的信息”。

易医诊断是对“四诊”的突破

25.易医诊断的功能属性是什么?

诊断疾病，是易医诊断的基本功能。这一功能的基本属性主要有如下几点：客观性、灵活性、间接性、超前性。

能否诊断出患者的疾病的状态和致病的原因，能否客观地反映出事物（疾病）的本来面目，这是易医诊断价值的根本所在。客观性是易医诊断的生命。

医者创造性运用梅花易数中耳目心“三要灵应”和“十应”的原理随机取象，捕捉首次感知并“为之心动”的信息，以象定卦。易医诊断的诸多环节中，如何捕捉信息起卦断卦具有关键性作用。

万物同源论、宇宙全息论、万有相似论、万有相关论、万物类象论、天人相应论等都主张，世界万事万物是一个统一的、相互联系的整体。任何事物的发展变化都不是孤立的，任何事物都是宇宙大系统中的一个子系统，都是天道、物道与人道的载体，都浓缩着宇宙的信息，并与宇宙中的其他事物息息相通。

了解世界的这种物质性、整体性、统一性、联系性、有序性、共振性，才能“窥一斑而知全豹”，“一滴水可反映大千世界”，才能“以一心观万心，一身观万身，一物观万物”。由此知彼，由一事物而测知其他事物，才能“近取诸身，远取诸物”，才能同类互动，同气相求，同声相应，从而实现天人合一。

26.《易经》和中医最倡导的养生方式是什么?

《易经》中的养生手段是多种多样的，然而它最重视人自身的实践活动，而食养及其他一切被动调整，如理疗、按摩等，都是辅助性的措施而已。因为它们都是间接的、被动的手段，其最终作用的发挥都离不开人体自身的自我调节机制。这对中医产生了深远影响。在中医的大成之作《黄帝内经》中，关于调养身体、预防疾病的理论比比皆是，即使是少数涉及药物及针灸治疗的具体治疗方式，也是意在挖掘人的先天潜能，使其发挥自调功能，通过先天自调力达到健康长寿的目的。《易经》养生中重视人体自我调节的思想，同样也是中医养生的指导思想。

第二节 《易经》中的养生思想

《易经》是一部研究万物运动变化规律的自然哲学典籍，而『生生之谓易』是《易经》的生命哲学观。『生生』表示宇宙万物的发展是一个循环不断而又不断更新的过程，这个变化的过程就叫『易』。这个生命哲学观，也是中医养生的重要指导原则。

1.什么是易经养生？

《易经》为群经之首，养生为长寿之道，把阴阳五行平衡与和谐的哲学思想应用到生命和生活，就是易经养生。

《易经》是中国传统文化的代表，它以八卦学说为理论工具，以五行学说为灵魂，以阴阳为精髓。它所蕴涵的养生智慧重在捕捉生命的本质，从根本上追寻适合个体的养生疗法。没有其他任何一种学问能像《易经》这样无所不包，阐明宇宙间一切事物的规律。《易经》的精髓归根结底就是“阴阳”二字，所谓“一阴一阳之谓道”。而养生的真谛正是调和阴阳，百病不扰。易经养生是一种大道至简的养生法。早在两千年前先贤们就十分推崇易经养生。因此，《易经》用于指导养生是再适合不过了。

2.养生所涉及的易学系统包括哪些？

养生所涉及的易学系统，包括：

①《周易》体系：即文王、孔子所创立的易学体系及在此基础上发展起来的象数派和义理派等体系。

②“医易”体系：包括《黄帝内经》《伤寒论》及张介宾等传统医家所建立的易学体系。

③“道易”体系：包括在《老子》基础上建立起来的“道家易”系统及汉代以后道教医学中的易学系统。

④“丹道易”体系：就是以“万古丹经王”魏伯阳《周易参同契》中的易学知识为核心发展起来的专用于指导内外养生的易学体系。

《周易》、“医易”、“道易”与“丹道易”，四家易学体系各有其侧重点，它们对养生都有重要的指导作用。

3.太极外圆圈有何养生意义？

太极图之所以用圆形来表示，在于圆形反映了宇宙的基本规律：

① 圆象征着无始无终的周期运动。宇宙间的一切事物都处在无休无止的循环之中，包括物质的循环、能量的循环及系统的循环。在养生学上则表示生生不息的养生精神。

② 圆更有圆润、灵活、变化之意。

③ 圆还有范围区划的含义，表示事物之间相对的独立性。然而，根据中国古代“天人合一”的理论思想，宇宙万物之间存在着广泛的联系，如果过分地强调太极外圈的分割性含义，就会割裂人与天地自然的必然联系。所以太极图的这个圆可大可小，具有无限的伸缩性，即中国古人所谓的“其大无外，其小无内”。

中国古代养生学非常强调“天人合一”，“天人合一”的程度则是衡量养生水平的尺码。中国古人实现“天人合一”的基本法门便是“扩心”，即排除“心障”，扩大“心容量”，而这种“扩心”法门的实质就是要把太极的外圆尽量地往大划，直至能够包容整个宇宙。在养生学中，意思就是在把握人体自身生理、代谢的时间节律的同时，还要把握大宇宙场能、信息变化的时间节律，使二者节律同步共振，达到“天人合一”的理想境界。

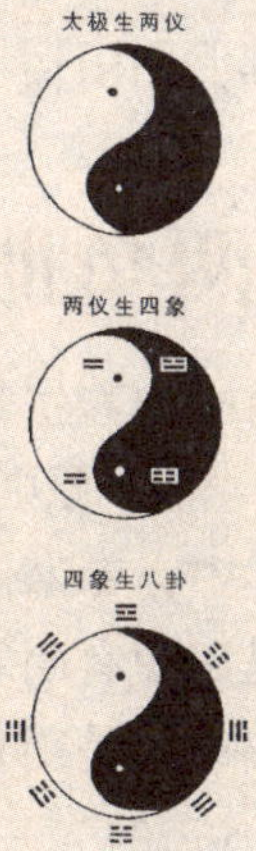

太极八卦图

4.太极双鱼有何养生意义？

太极双鱼互抱，白鱼代表阳，黑鱼代表阴，黑白分明、对立统一、动态平衡。太极这种双鱼互抱并旋转运动的特性，体现了阴阳二气的消长、转化、循环周流的自然规律。太极双鱼位居同一个圆圈之中，表示阴阳相互交合为一个整体，宇宙万物都是阴气和阳气相互交合的结果。阳气和阴气相互作用，共同维持着生命体的运行。

如果以月相变化代表人的生命活动规律的话，即可以认为，人的机体为月，心神为日，元气为日光，为元阳阳气。所以元阳之气是生命的根本。由于“阳气”本固的阳性性质，及人的心神天生的外向消耗本性，就使得人体的“阳气”很容易被消耗而出现不足，这就是人们通常所说的“元气不足”状态，元气不足可以使人患病，也会影响人的寿命。人的生命活力的强弱依赖于“元阳之气”的充足程度，这种“元阳之气”即古人所说的“先天真气”。俗语说“人活一口气”的“气”，就是指这种“先天真气”，人的寿命长短必然与这种元气的充足程度有关。

中国古代养生家都很重视对人的“元阳之气”的养护，或者更直接地说，中国古代的高级养生功法实质都是要培育人的“先天真气”，而道家的丹道养生术就是培植人体元阳真气的专业性方法和技术。

5.太极“S”曲线有何养生意义？

太极是用“S”曲线表示阴阳消长关系的。“S”线只有中点平衡，其余的点均是不平衡的。即太极图的总体是平衡的，各个局部的阴阳运动都是在不断地消长着的、变化着的，阴阳平衡只有通过太极“S”线中点的位置时才是平衡的。“平衡”对于养生学的意义是众所周知的。

6.太极两鱼眼有何养生意义？

太极两鱼眼的养生学意义在于“阴中求阳，阳中求阴”原则的确立。

在天文学中，专家认为，《易经》中离为日，是阳中有阴之象，事实上太阳的本身是物质，是阴；太阳正在燃烧的外表所放出来的光热能是阳。坎为月，是阴中有阳之象，事实上月球的外表完全没有生命，不但没有神话中的嫦娥和玉兔，连细菌都没有，这就是阴；而月球的内部尚在震动，中国古天文学称为月颤，这就是阳。

在现代医学中，西方的医学学者从人体抽血检验激素的含量，发现男性血液内含有约1/4的女性激素，而女性血液里也含有约1/4的男性激素，这证明中国古代所谓“阳中有阴，阴中有阳”之说，是完全正确的。

7.陈抟的无极图有何养生奥妙？

无极图本为道家修炼之术，其图自下而上逆读，以明逆则成丹之法。

第一层：最下一圈，为元牝之门，元牝即谷神。牝者窍也，谷者虚也。元牝之门，即指人身之命门，命门在人两肾空隙之处。命门者，气之所由生也，命门之气名曰“祖气”，凡人五官百骸之运用知觉皆根于此。

第二层：提其祖气上升，为稍上一圈，名为炼精化气、炼气化神。炼有形之精，化为微茫之气；炼依稀呼吸之气，化为出入有无之神。

第三层：精气神贯彻于五脏六腑，左木火、右金水、中为土，相互联络，名为五气朝元。

第四层：取坎填离，成为内丹。

第五层：炼神还虚，复归无极。

由上可知，一个无极图几乎可包括全部内丹术，因此历来为养生家所重视。

8.周敦颐的太极图有何养生奥妙？

后世养生家多以周氏太极图为秘诀。周敦颐在《太极图说》中论述宇宙生成的观点：太极为万有之本源，动静为阴阳之流行。阴阳互为其根，流行不已，阳变阴合而生五行。阴阳交感，五行顺布，则化生万物。用于修身养性，其要旨在于“定之以中正仁义而主静”，以立“人极”，达到最高的道德境界。

9.河图与五脏有怎样的关系？

根据天人相应的原理，河图中的五行生成数与人体脏腑的生理特征密切相关。在这方面，杨力女士在《周易与中医学》中有着极为精辟的论述，引述如下：

（1）天一生水，肾为水脏

河图数“一”五行属水，位居北方，在时主冬，八卦为坎。水气通肾，故肾为水藏。

（2）地二生火，心为火脏

河图数“二”五行属火，火位正南方，属离卦。火为日，象征阳气，火代表着温暖阳性。火气通于心，故人体心火应离卦。

（3）天三生木，肝为木脏

木为河图“三”之数，木代表新生，标志着万物之萌动，象征着生命之始。故《周易》八卦以震卦应春，方位向东。人体肝属木，肝对人体阴阳气血运行有着重要的作用。

（4）地四生金，肺为金脏

河图“四”为终数，象征万物有始必有终，有生长必有收肃。“四”为兑卦，位西方，乃万物成熟之意。人体肺应兑金，肺津四布，滋润五脏。

（5）天五生土，脾为土脏

“五”为河图之母数，土为万物之母，成数赖之以衍生，“五”位中央，象坤卦，属土，土应长夏，主万物之长养。人体以脾应之，脾为万物生化之源，故健脾培土是养护生命的重要基础。

10.河图中“天一生水”与养生有什么关系？

天一生水，肾为水脏。在自然，水为天数之始，生命之源，万物之祖；在人体，五脏之阴，皆根在肾阴，肾阴关系着全身阴阳的平衡。故顾护肾阴（精）为永葆生命之第一要义。

中年养生贵在保肾精：《内经》说“年四十，阴气自半”，表明中年人保肾精的重要意义。

吞津保精以救肾水：肾气行于足之少阴，足少阴肾经“挟舌本”，其精气上注于舌……唾为肾液，故从中年起应吞津保精以救肾水。

养生贵在养肾阳：肾水并非纯阴，一阳爻含于两阴爻之间，两真水含藏一真火，因此肾阳极其宝贵，不能耗散。

养肾水以济肝之阴：肾为天一之水，水生木，肝属木，故肝与肾有重要的同源关系，养肾水以济肝之阴对老年病人极有意义。

取坎填离，还精补脑：坎卦肾水，离卦心火，坎离交泰，水火既济，是人体生命学中的重要环节，故养生家极力推崇取坎填离、还精补脑，认为这是返老还童的手段。

11.河图中“地二生火”与养生有什么关系？

地二生火，心为火脏。火为日，象征阳气，火代表着温暖阳性。

火性炎上，故火忌耗散，人体之火除心火之外，尚有命门相火、肝肾龙雷之火等，皆以内敛为重，忌浮越。

心主藏神，故中国历代生命家皆注意敛神宁火以潜阳固阴，如孔子提出“坐忘”、老子主张“虚无”、庄子强调“守一”、佛家讲究“禅定”、道家追求“炼己修心”，都是为了内敛离火、保护心神，在人体生命学中有着重要意义。

12.河图中“天三生木”与养生有什么关系？

天三生木，肝为木脏。肝是最早衰老的脏器，保护肝气在人体生命学中是一个不可忽视的问题。

人体肝属木，秉风雷之性。肝气旺者意气风发，欣欣向荣；肝气虚者萎靡不振，消极颓废，故人体生命力的旺盛和衰减与肝气的鼓动很有关系。

肝能调节血量，对人体的阴阳气血运行有重要作用。

肝藏魂，又有调节心神的作用。

目为肝之窍，目明说明肝气未衰。

木喜条达，忌抑郁，保持心情舒畅是养肝的关键。

13.河图中“地四生金”与养生有什么关系？

地四生金，人体肺应兑金，肺津四布，滋润五脏。

肺为金脏，燥气通于肺，最易损耗肺津，故保持肺的润泽是保护肺的一个重要环节。

肺主气，一生中肺气耗散不少，故中年以后必须注意润肺、敛肺以顺其生理特性。

人到中年，肺气宜收敛。肝为升发之脏，主动耗损最大，衰退也最早，所以50岁肝气即始衰。反之，肺气主收，耗损相对小，故衰老也较迟，80岁肺始衰。

第二章 阴阳五行养生

第一节 阴阳平衡

宇宙间一切事物都是由互相对立又互相依存的两个方面构成的，这两个方面就称为阴和阳。阴阳平衡就是阴阳双方的消长转化保持协调。阴阳平衡是生命的根本，养生的宗旨就是维护生命的阴阳平衡，也就是保持人体各种机能的协调。

1.什么是阴阳？

古代思想家认为，宇宙间一切事物都是由互相对立又互相依存的两个方面构成的，这两个方面就称为阴、阳。

一般来说，阳代表事物的动的、活跃的、刚强的等属性的一方面，例如动、刚强、活跃、兴奋、积极、光亮、无形的、机能的、上升的、外露的、轻的、热的、增长、生命活动等；阴代表事物的静的、不活跃的、柔和的等属性的另一方面，例如静、柔和、沉郁、抑制、消极、晦暗、有形的、物质的、下降的、内在的、重的、冷的、减少、肉体等。

当两件事物发生一定联系时，可以把它们分为阴阳。例如，天为阳、地为阴，日为阳、月为阴，火为阳、水为阴，男为阳、女为阴，白天为阳、黑夜为阴。

若是以一个动物为例，则它的肉体为阴，生命活动为阳；它内在的脏腑为阴，外露的皮毛为阳；它向下的腹为阴，向上的背为阳。

由以上例子可知，阴阳是对宇宙间万事万物最基本的也是最高度的概括。

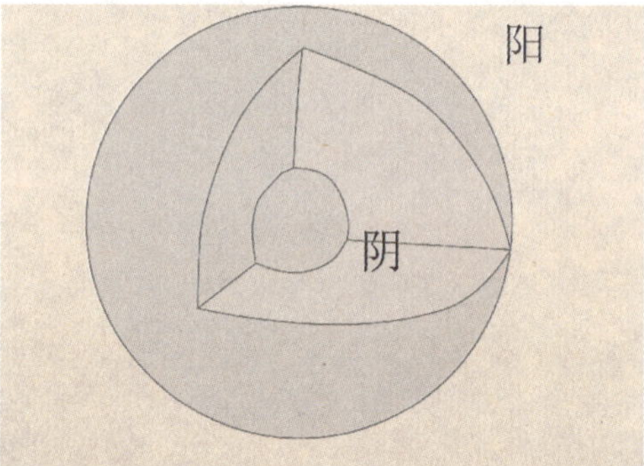

阴阳是对宇宙万事万物最基本的也是最高度的概括

2.阴阳之间有什么关系？

阴和阳并不是孤立和静止不变的，而是存在着对立、依存、消长、转化的关系。阴阳平衡，万物才会和谐。孤阴不生、独阳不长，阴中有阳、阳中有阴，阳极生阴、阴极生阳。

3.人体是怎样分阴阳的？

中医上的阴阳指人体对立统一两个方面，大致上说，阴代表人体物质基础，阳代表功能活动。

从部位来说，隐蔽部位属阴，暴露部位属阳。

从生理来说，阴代表物质基础、组织结构，如血、津液、五脏属阴。阳代表功能活动，如气、六腑属阳。另外，五脏本身功能也可用阴阳来说明。

从病理上来说，慢性的、虚寒的、功能低下的等症状表现都属阴；急性的、燥热的、功能亢进的等等症状表现都属阳。

从脉象来说，沉、迟、虚属阴，浮、数、实属阳。

从舌色来说，舌色淡白属阴，舌色红绛属阳。

中医认为，疾病的发生、发展是人体阴阳平衡失调所致。只要调理阴阳平衡，就能恢复人体正常功能。

4.阴阳对立指的是什么？

阴阳是事物的两种属性，是代表矛盾对立、统一的两个方面，是对自然界相互联系、对立的事物和现象的概括。如天为阳、地为阴；白天为阳、黑夜为阴；上为阳、下为阴；热为阳、寒为阴，诸如此类，说明了任何事物与其他事物都是对立存在于宇宙间的。但是，事物的阴阳属性不是绝对的，而是相对的，必须根据互相比较的条件而定。就人体而言，体表为阳，内脏为阴；就内脏而言，六腑属阳，五脏为阴；就五脏而言，心肺在上属阳，肝肾在下属阴；就肾而言，肾所藏之“精”为阴，肾的“命门之火”属阳。由此可见，事物的阴阳属性都是相对而言的。

5.阴阳互根指的是什么？

阴阳互根又称为“阴阳相成”。中医学有“阳根于阴，阴根于阳”，“孤阴不生，独阳不长”和“无阳则阴无以生，无阴则阳无以化”等论点。意思是说，阳依附于阴，阴依附于阳，在它们之间存在着相互滋生、相互依存的关系，即任何阳的一面或阴的一面，都不能离开另一面而单独存在。以自然界来说，外为阳，内为阴；上为阳，下为阴；白天为阳，黑夜为阴。如果没有上、外、白天，也就无法说明下、内、黑夜。以人体生理来说，机能活动属阳，营养物质（津液、精血等）属阴。各种营养物质是机能活动的物质基础，有了足够的营养物质，机能活动就表现得旺盛。从另一方面来说，营养物质又需要依靠机能活动进行吸取。

以上说明阴阳二者是相互依傍、存亡与共的，如果没有阴，也就谈不上有阳。

6.阴阳消长指的是什么?

阴阳的消长指阴阳双方在对立互根的基础上永恒地运动变化着，不断出现“阴消阳长”与“阳消阴长”的现象，这是一切事物运动发展和变化的过程。例如：四季气候变化，从冬至春至夏，由寒逐渐变热，是一个“阴消阳长”的过程；由夏至秋至冬，由热逐渐变寒，又是一个“阳消阴长”的过程。由于四季阴阳消长，所以才有气候寒热温凉的变化，万物才能生长收藏。如果气候失去了常度，出现了反常变化，就会产生灾害。

临床上常常以阴阳偏盛、偏衰（即阴阳消长）来说明临床的不同症候。例如，寒属阴，阴盛则见寒证，如受冷后出现的胃寒腹痛、腹泻等；热属阳，阳盛则见热证，如一般的急性肺炎，有高热口渴、皮肤红等急性热病症状。有些虚弱的病症，其发病机制不是因为阴或阳的偏盛，而是因为偏虚。如果某脏腑的阴偏虚，称为“阴虚”，此为阴消，“阳”相对突出，因为热属阳，故阴虚见热证，这种现象称为“虚热”。如果某脏腑的阳偏虚，此为阳消，称为“阳虚”，此时“阴”相对突出，因寒属阴，故阳虚见寒证，这种现象称为“虚寒”。

在正常情况下，阴阳常处于相对平衡状态，如果“消长”关系超出一定的限制，不能保持相对的平衡时，便将出现阴阳某一方面的偏盛或偏衰，从而导致疾病的发生。

7.阴阳转化指的是什么?

阴阳的转化指同一体的阴阳，在一定的条件下，当其发展到一定的阶段，双方可以各自向其相反方面转化，阴可以转为阳，阳可以转为阴，称之为“阴阳转化”。

如果说“阴阳消长”是一个量变过程的话，则转化便是一个质变的过程。《素问》所谓“重阴必阳，重阳必阴”，“寒极生热，热极生寒”。寒“极”时，便有可能向热的方向转化；热“极”时，便有可能向寒的方向转化。如某些急性热病，由于邪热极重，大量耗伤机体正气，在持续高热的情况下，可以突然出现体温下降、四肢厥冷、脉微欲绝等一派阴寒危象，这种病症变化即属由阳转阴。若抢救及时，处理得当，使正气恢复，四肢转温，色脉转和，阳气恢复，为由阴转阳，病情好转。此外，临床上常见的各种由实转虚、由虚转实、由表入里、由里出表等病症变化，也是阴阳转化的例证。

8.为什么说养生的关键在于阴阳平衡？

《易经》开创了顺应阴阳气化养生，并指出阴阳气化是生命的源泉，养生的关键就是调节阴阳气化，维持生命的阴阳平衡，平衡则生，失衡则亡。

《黄帝内经》中有一句话，“生之本于阴阳”，意思就是说生的本理病理都是本于阴阳的。明代张景岳认为，阴阳在《黄帝内经》中已经阐述得很完备了，但是要了解它的变化无穷，还得要研究《易经》。这就是说要把《易经》和《黄帝内经》不断联系，汲取其中的理论，来找出养生的道理。其中，“阴阳平衡”就是很重要的道理。它告诉我们，一定要调整阴阳，让人的阴阳保持平衡、保持协调，这样才不会生病。

9.为什么说人的一生都要保养阳气？

阳气是维持人体物质代谢和生理功能的原动力，是人体生殖、生长、发育、衰老和死亡的决定因素。人的正常生存需要阳气支持，所谓“得阳者生，失阳者亡”。阳气越充足，人体越强壮。阳气不足，人就会生病。阳气完全耗尽，人就会死亡。它具有濡养全身组织、维护脏腑功能的作用。阳气虚就会出现生理活动减弱和衰退，导致身体御寒能力下降。《内经·灵枢》上称：“人到四十，阳气不足。损与日至。”意思是随着年龄的增长，人的阳气会逐渐亏耗。

万物之生由乎阳，万物之死也由乎阳。人之生长壮老，皆由阳气为之主；精血津液之生成，皆由阳气为之化。所以，“阳强则寿，阳衰则夭”，养生必须养阳。善养生者，必宝其精。因为精盈则气盛，气盛则神全，神全则身健。

所以，阳气是生命的根本，人的一生都要保养阳气。

10.如何利用四季来保养阳气？

我们应该和天时相应，学会四季养生。四季中，春夏是阳气最多的季节，那么我们在春夏就应该养阳。春夏怎么养阳呢？

春天主生发，气生发而阳光开始明媚，万物复苏。《黄帝内经》就告诉我们“无厌于日”，就是不要讨厌阳光，这个时候每天要早起，去晒太阳，抒发肝气，让我们的生机和气机随着春气来运转，这就叫做四气调神。春季气机以升发舒畅为特点，我们的养生要注意使体内的阳气渐旺起来。

夏天的时候，万物茂盛，阳气旺盛，这个时候就要充分地利用阳气的生机来保养我们的身体，来维护我们的生命。夏季天气下降，地气上升，天地之气相交，人们的情绪应该保持愉快，使气机宣畅，如果违背了这个道理，就会损心伤气。

11.如何利用太阳来保养阳气？

人的阳气和天上的阳气是息息相通的，我们要保养阳气，就要晒太阳。

当一轮红日从东方徐徐升起的时候，我们就走到屋外，将两个手的劳宫穴面对着太阳，做深呼吸，这样可以养心和肺。

另一个时间就是中午，尤其是冬天的中午，是晒太阳最宝贵的时间。在晒太阳的时候，摘掉帽子，这样我们头顶的百会穴就把阳气吸进去了，如此可以养脑。我们还可以转过身，低头，让太阳从风池穴进来，阳气可从风池穴直接进入我们的体内，贯通督脉。

傍晚，吃过晚饭后，也可以走到外面，让晚霞的余晖再照耀身体一次。我们可以一边晒太阳，一边手握半拳来叩击肾。在肚脐眼正对着的地方是命门，它是生命的火种，我们先天的阳气就藏在这里面，在它旁开差不多一拳之处就是我们的肾枢。叩击命门和两个肾枢，再加上晒太阳，就可把太阳的最后一点阳气吸收到我们的肾里面，来补充我们体内日渐减少的阳气。

要保养阳气就要晒太阳

12.如何通过调整心态来保养阳气？

保养阳气还有重要的一个方面是要调整我们的心态。人的情绪分为七情，即喜、怒、忧、思、悲、惊、恐，可归纳为喜、怒、忧、思、恐五志，分别对应着我们的心、肝、肺、脾、肾。七情也分阴阳，喜是属于阳的，悲是属于阴的，所以如果每天都快乐、高兴地生活，我们的阳气就充分。我们欢喜、高兴，七情就给我们生阳；我们悲伤、抑郁，它就会损伤我们的阳。所以，我们要学会调整心态，保持积极的生活态度，如此可以保养阳气。

13.如何利用阴阳学说来养生？

一般来说，凡是能够减轻或消除热证的食物，都属于寒性或凉性，比如肉类中的猪肉、鸭肉，蔬菜类中的菠菜、黄瓜，以及水果类的西瓜和梨等，都属于寒性食物。寒性、凉性食物皆属阴。

反之，凡能够减轻或消除寒证的食物，则属于温性或热性，比如牛肉、鸡肉、羊肉、狗肉等温性、热性食物皆属阳。

中医学认为，抗衰老一定要注意饮食的阴阳平衡。这是由于人体生理活动的正常状态要靠阴阳变化之动态相对平衡来维持，人体病理变化的核心是阴阳失调。所以，用食物调养身体时，一定要先弄清自己身体的情况，在此基础上选择相应的食物，这样才能达到养生、抗衰老的目的。

14.如何利用阴阳消长来养生？

《易经》告诉我们一天之内有阴阳消长，我们也可以利用这种阴阳消长来养生，合理顺应大自然阴阳的消长，使其为我们人体所用，会事半功倍。

一天之中，当太阳在上午逐渐升高的时候，自然界的阴阳是阳长阴消的，是阳气增加的时候，那我们在这个时候就要以动养为主，多运动。《易经》讲“动则生阳”，特别是阳气虚的人，在这个时候养阳要比在其他时间进行效果更佳。同样，下午到傍晚这个时间，太阳慢慢下降，此时自然界的阴气逐渐增加，阳气逐渐减少，那么我们就应该利用天时，进行静养，“静则生阴”，特别是对于阴虚的人，此时是养阴最佳时刻。

利用阴阳消长规律养生，会事半功倍

15.为什么说“春夏养阳，秋冬养阴”？

四时阴阳之气，生长收藏，化育万物，为万物之根本。春夏养阳，秋冬养阴，乃是顺应四时阴阳变化的养生之道。所谓春夏养阳，即春夏养生养长；秋冬养阴，即秋冬养收养藏。

春夏两季，天气由寒转暖，由暖转暑，是人体阳气生长之时，故应以调养阳气为主；秋冬两季，气候逐渐变凉，是人体阳气收敛、阴精潜藏于内之时，故应以保养阴精为主。春夏养阳、秋冬养阴，是建立在阴阳互根规律基础之上的养生防病的积极措施。春夏不能养阳者，每因风凉生冷伤其阳，以致秋冬多患泄病，此阴盛之为病也。秋冬不能养阴者，每因纵欲过度伤及阴气，以致春夏多患火症，此阳盛之为病也。所以，春夏养阳，秋冬养阴，寓防于养，是因时养生法中的一项积极主动的养生原则。

16.人体阴阳与自然界阴阳是怎样相通相应的？

中国古代医学根据自然阴阳的属性分析、归纳了人体器官的机理与关联性，提出了人体阴阳说、自然阴阳与人体阴阳和谐说，即人是自然界中一个特殊的组成部分，人体也包含着自然界中普遍存在的阴阳对立统一的性质。自然界中阴阳、时间节律与人体的生理结构、周期存在着一致性。如《内经·灵枢·顺气一日分为四时》中说到：“以一日为四时，朝则为春，仲为夏，日为秋，夜半为冬。”《内经·素问·脉要精微论》中描写人体脉象的变化时说：“春日浮，如鱼之游在波；夏日在肤，浮浮乎万物有余；秋日下肤，蛰虫将去；冬日在骨，蛰虫周密，君子居室。”以此来说明人体阴阳随着自然阴阳而消长变化。

17.何为阴阳平衡？

阴阳平衡就是阴阳双方的消长、转化保持协调，既不过分也不偏衰，呈现出一种协调的状态。生命阴阳平衡是指脏腑平衡、寒热平衡及气血平衡。其总原则是阴阳协调，实质是阳气与阴精（精、血、津、液）的平衡，也就是人体各种功能与物质的协调。人体阴阳平衡表现为四大特点：气血充足；精力充沛；五脏安康；容颜发光。

18.怎样才能维持人体的阴阳平衡？

人的生命储备是有限的，我们要合理地安排。我们的生命好比是燃烧着的一根蜡烛，燃烧得越旺，熄灭得越早。维护生命阴阳平衡要注意节能养生这个问题。节能养生包括静养生、慢养生和低温养生。我们节能养生的目的是为了保护阳气和阴气，避免不必要的损耗，从而维护生命的阴阳平衡。

另外，生命储备是维持阴阳平衡的基础，生命储备一个是饮食，一个是睡眠，一个是性，这三大本能是增加生命储备的三大要素，是维持身体阴阳平衡的主要环节。首先我们看饮食养生，饮食养生就是指要通过补（补充营养）和泄（排泄废物），一补一泄来维持生命的阴阳平衡。除了饮食之外，就是睡眠，睡眠是对生命的充电，我们睡眠的目的也是通过调整阴阳平衡，以达到对生命能量的储备，所以养生家都提倡要睡午觉。第三，就是性养生，性养生的重大意义也在于协调人体的阴阳平衡，阴阳平衡协调得好，衰老就能够减缓，寿命就会延长。

所以，慢养生、静养生、低温养生，是生命的节能养生；食养生、眠养生、性养生是生命的储备养生。节能养生与储备养生互相结合、互相配合，共同维护人体的阴气和阳气的平衡。只要身体能保持阴阳平衡，那么我们就能够健康一生。

19.阴阳失衡有什么危害？

正常情况下，阴阳是互根、互补、互制的。当身体运行状况正常时，一旦阴阳双方出现一方不足或有余，人体的另一方就会来代偿、弥补，目的在于纠正失衡，维持阳气与阴精的平衡。但是，如果身体未能及时调整，导致阴阳失衡，不能相辅相成，代偿功能失调，就会产生种种健康问题。

阴阳轻度失衡可导致身体长期处于亚健康状态。

阴阳中度失衡可导致疾病、早衰。

阴阳重度失衡可导致重病。

阴阳离决则生命终止，即死亡。

20.如何理解“阴是阳的基础”？

阴和阳互根，阴是阳的蓄积状态。蓄积的阴藏而不出，所以阴是阳的守，是阳的静态。阴的概念有两个：一是病理性的，二是生理性的。它既可以存在于大自然，也可以存在于人体内。阴是阳变化的根基，如果没有阴，阳就无法外张体表；相反，没有阳，阴是无法蓄积守于内的。阴气性主安静，守藏在内，供给人生命活动所需要的营养物质。所以说“阴是阳的基础”。

21.人体的组织结构怎样分阴阳？

人体所有结构既是有机联系的，又可划分为阴、阳两部分。人体脏腑组织，就部位来说，上部为阳、下部为阴，体表属阳、体内属阴。就其背腹四肢来说，则背属阳、腹属阴，四肢外侧为阳、四肢内侧为阴。以脏腑来分，五脏属里，藏精气而不泻，故为阴；六腑属表，传化物而不藏，故为阳。五脏之中又各有阴阳之别，即心、肺居于上部（胸腔）属阳，肝、脾、肾位于下部（腹腔）属阴。若具体到每一脏腑则又有阴阳之分，即心有心阴、心阳，肾有肾阴、肾阳等。总之，人体组织的上下、内外、表里、前后各部分之间以及内脏之间，无不包含着阴阳。

22.什么是阴虚？

阴虚证是指体内津液、精血等阴液亏少而无以制阳，滋润、濡养等作用减退所表现的虚热症候。属虚症、热证的性质。

阴虚主症以形体消瘦、口燥咽干、潮热颧红、五心灼热、盗汗、小便短黄、大便干结、舌红少津少苔、脉细数等为症候特征，并具有病程长、病势缓

等虚证的特点。

阴虚多由热病之后，或杂病日久、伤耗阴液，或因五志过极、房事不节、过服温燥之品等，使阴液暗耗而成。阴液亏少，则机体得不到濡润滋养，同时由于阴不制阳，则阳热之气相对偏旺而生内热，故表现为一派虚热、干燥不润、虚火躁扰不宁的症候。

阴虚可见于多个脏器组织的病变，常见者有心阴虚证、脾阴虚证、胃阴虚证、肺阴虚证、肝阴虚证、肾阴虚证等，以并见各脏器的病状为诊断依据。

23.阳虚是怎么回事?

阳虚是病证名，指阳气不足或机体功能衰退的症候。主要表现为：

①畏寒怕冷、四肢不温。这是阳虚最主要的症状。阳气犹如自然界的太阳，阳气不足，则内环境就会处于一种“寒冷”状态。

②完谷不化。指的是大便中夹杂未消化食物。古人对此现象的产生有一个形象的比喻，食物的消化就好比要把生米煮成熟饭，胃就好比是煮饭的锅子，而阳气就好比是煮饭用的火，没有“火”，米就无法煮成“饭”。所以，当阳气不足时，进入胃中的食物也就无法很好地消化，而是直接从肠道排出。

③精神不振。阳气不足，细胞的生命活动减弱，所以整个人表现为萎靡懒动。

④舌淡而胖，或有齿痕。体内水分的消耗与代谢，取决于阳气的蒸腾作用。如果阳气衰微，对水液蒸腾消耗不足，则多余水分蓄积体内，导致舌体胖大。舌体胖大，受牙齿挤压会出现齿痕。

⑤脉象沉细。阳气不足，不能鼓动脉管，所以脉象沉细无力。

24.阴虚的人如何从环境中获取阴气?

阴气包括生理性及病理性两类：病理性的阴是废物，是要排出的；而生理性的阴是人体所不可少的，因为阴为阳之基础，无阴则阳无以化。所以养阴确实重要，阴虚的人需要获取阴气。

第一，要多喝水。水是阴气之源，水在养阴中很重要。因为水是阴阳气化的基础，没有水，生命就不能继续。

第二，要多去阴气多的地方。多去海边、山林、河畔、高山，在这些地方进行锻炼，做深呼吸，吸入大量的阴气，无疑对长寿十分有益。另外，天为阳，地为阴，地是阴气的矿藏，所以接地气十分重要，应该经常赤足，这样地气可以从足心的涌泉穴上升入体。北方是阴气产生的重要方位，所以阴亏养生要面北，以汲取北方阴气。夜晚面向月光，因为昼为阳、夜为阴，日为阳、月为阴。选低洼处居住，这是阴气较浓之处，因为高为阳、低为阴。住一楼也有好处，居住者每天都能接着地气，因此寿命要比住高层的人长。

第三，多吃养阴的食物。多吃长在水里的东西，如藕、荸荠、菱角；多吃生在向北处、背阴处的食物，如越冬的冬小麦，长在地里的地瓜、山药等。

25.阳虚的人如何从环境中获取阳气？

阳气不足的人应从饮食、运动、药物等几个方面进行相关的调理，逐步提升体内阳气，达到阴阳平衡的健康状态。

运动：经常运动非常重要，因为“动能生阳”。散步、慢跑、做操、放风筝、打球等项目均可。要增加户外活动，多见阳光，令身体与自然直接接触，阳气就会被调动起来行走于肌表，行使卫外功能，尤其可以增加抗寒的能力。阳虚的人群中，女性明显多于男性，这跟男性一般比女性更爱运动的生活习惯有关。

饮食：对阳虚的人来说，食补是主要的也是见效较快的方法。补阳的食物有韭菜、桂圆、羊肉、狗肉、核桃仁、干姜、胡椒等。在夏季，一般人怕上火会比较少吃或不吃这些食物，对阳虚者来说，适当地食用这些食物，对改变寒凉的体质有着莫大的帮助。

药补：阳气较虚但又没有达到疾病指标的时候，可以吃一些中药进行保健，比如益智仁、桑寄生、杜仲、肉桂、熟地、人参、黄芪等。

26.“阴病”与“阳病”分别指什么？

在正常情况下，我们身体内的阴阳是保持平衡的，不会阴盛而阳衰，也不会阳盛而阴衰。辛甘为阳，酸苦为阴，如果我们食用过于酸苦的食物，就会导致阴盛，阴盛就会导致我们身体的阳气不足，阳气不足我们就会生病，即“阴盛则阳病”；反之，如果我们过多食用辛甘的食品，就会出现阳盛，导致身体阴气不足，也会生病，即“阳盛则阴病”。

由此可以知道，不管是阳气盛还是阴气盛，体内的阴阳都不能保持平衡，不能保持平衡，我们就会生病。

27.中医中的“阳病治阴”“阴病治阳”如何理解？

“阳病治阴”、“阴病治阳”，这句话出自《黄帝内经·素问·阴阳应象大论》。所谓“阳病治阴”，是指患阳热盛的病损伤了阴津，治疗应滋阴。例如：温病日久未愈，身热面赤，口干舌燥，甚至齿黑唇裂，手足心热超过手足背热，脉虚大，宜用甘润滋阴之剂。疾病的症状在阳经，而针刺阴经。例如：足阳明胃经有病变而呕吐，可刺内关（手厥阴心包经穴）、太冲（足厥阴肝经穴）。简单地说就是通过滋阴来达到治疗阴虚导致的虚热证。

同理，所谓阴病，就是所患疾病表现出阴的特点，如怕冷、面白、舌淡、小便清长等。这个阴病不是由于外邪导致的，而是因为体内阳气不足导致阴偏盛，此时要治阳，补阳气，益火之源以消阴翳。这就是“阴病治阳”，简单地说就是通过补阳方法来治疗阳虚导致的虚寒证。

28.根据阴阳学说人体体质可分为哪几种?

人体正常体质大致可分为阴阳平和质、偏阳质和偏阴质3种类型。

（1）阴阳平和质

阴阳平和质是功能较协调的体质，具有这种体质的人身体强壮，胖瘦适度，或虽胖而不臃肿，虽瘦而有精神。性格随和、开朗，食量适中，二便调畅，调节自身和对外适应能力强。阴阳平和质者，不易感受外邪，少生疾病，即使患病往往也会自愈或易于治愈。

（2）偏阳质

偏阳质是指具有偏于亢奋、偏热、多动等特性的体质。偏阳质者，多见形体偏瘦，但较结实。其面色多略偏红或微苍黑，或皮肤呈油性。性格外向，喜动，易急躁，自制力较差。其食量较大，消化吸收功能健旺。偏阳质者平时畏热、喜冷，或体温略偏高，动则易出汗，喜饮水。精力旺盛，动作敏捷，反应快，性欲旺盛。

（3）偏阴质

偏阴质是指具有阳气不足、偏寒、多静等特性的体质。具有这种体质的人多见形体偏胖，但较虚弱，容易疲劳。面色偏白而无光泽。性格内向，喜静少动，或胆小易惊。食量较小，消化吸收功能一般。平时畏寒、喜热，或体温偏低。精力偏弱，动作迟缓，反应较慢。

29.中医是如何进行阴阳养生的?

中医养生的根本法则就是“法于阴阳”，也就是说养生要遵照自然界阴阳变化的规律，使人体的阴阳与外界的阴阳变化相一致，达到协调统一。外界的阴阳变化包括了环境的阴阳变化、一天之中的阴阳变化和四季的变迁等。

“法于阴阳”的根本目的是达到“天人合一”的境界。《黄帝内经·素问·四气调神大论》说：“夫四时阴阳者，所以圣人春夏养阳，秋冬养阴，以从其根，故与万物沉浮于生长之门。逆其根，则伐其本，坏其真矣。”一年四季存在着阴阳盛衰的变化，它是导致天地间万物出现生、老、病、死变化的根本原因，人也逃脱不了阴阳盛衰这一规律。

所以，善于养生的人会在春夏阳气由弱渐强的时候，借助自然界的力量来保养自身的阳气，使其更加旺盛；而秋冬阴气渐长的时候则保养阴气。这种养生方法能从根本上增强身体的机能，从而让人与世间万物一样，顺应阴阳的消长变化而健康长寿。

30.阴阳学说如何指导疾病的诊断？

从疾病诊治方面讲，可以用阴阳的属性来分析病情，如以色泽、声音、呼吸、气息来分辨阴阳。还可以脉象部位分阴阳，寸为阳、尺为阴，浮大洪泽为阳、沉小细涩为阴等。从辨证理论方面讲，阴阳是八纲辨证的总纲。在临床中首先要分阴阳，才能抓住疾病的本质，大到整个病证，小到一个脉证。同样，外科分类、诊断也可用阴阳来分，如疖痛、丹毒、脓肿等多为阳证，感染性结核、肿瘤等慢性疾病为阴证。总之，疾病的诊断要以分辨阴阳为首务，只有掌握疾病的阴阳属性，才能在临床中正确治疗。

31.阴阳学说怎样指导疾病的治疗？

中医将疾病的本质归纳为阴阳失调。所以中医无论是以汤药还是针灸推拿治病都致力于恢复人体间的阴阳协调平衡。《黄帝内经·素问·至真要大论》就说：“谨察阴阳所在而调之，以平为期。”由此，中医治疗的原则和目的就是调整阴阳偏盛偏衰的状态，恢复阴阳的协调平衡。

当阴阳偏盛的时候，中医的治疗方法是减弱偏盛的一方。也就是阳虚的人阴气过强，表现为虚寒，应用温热的药物来增加机体的阳气；阴虚的人，阳气过盛，表现为虚热，应用寒凉的药物来增加机体的阴气。当阴阳互相损害的时候，应该阴阳互补，但也应该对虚弱的一方有所偏重。

32.阴阳学说如何指导中医归纳药物的主要性能？

药物的性能主要依据其性（气）、味和升降沉浮来决定。而药物的性、味和升降浮沉，又皆可用阴阳来归纳说明，作为指导临床用药的依据。

四性：主要指寒、热、温、凉四种，又称“四气”。其中寒凉属阴（凉次于寒），温热属阳（温次于热）。能减轻或消除热证的药物，一般属于寒性或凉性，如黄芩、栀子等。反之，能减轻或消除寒证的药物，一般属于温性或热性，如附子、干姜之类。

五味：就是辛、甘、酸、苦、咸五种味。有些药物还有淡味或涩味，但习惯上仍称为五味。其中辛、甘、淡属阳，酸、苦、咸、涩属阴。

升降浮沉：一般具有升阳发表、祛风散寒、催吐、开窍等功效的药物，多上行向外，其性升浮，升浮者为阳；而具有泻下、清热、利尿、重镇安神、潜阳熄风、消导积滞、降逆、收敛等功效的药物，多下行向内，其性皆沉降，沉降者为阴。

33.为什么说阳气不足是发生疾病的根本原因？

“阴阳”这个抽象的概念是《易经》从复杂的自然现象和社会现象中总结并创造出来的。而《黄帝内经》在阐述阴阳关系时，与《易经》有所不同的是它更注重阳气在人体中的主导作用。《黄帝内经》认为阳气的向上向外运动，在人体中具有护卫肌表、抵御外邪的作用，如果阳气失常便会引起疾病。比如《黄帝内经》认为人在疲劳过度时，阳气就会亢盛而外张，阴精则逐渐耗竭，如此多次重复，阳愈盛而阴愈亏，到夏季暑热之时，便易使人发生煎厥病。由此可见，疾病发生与否，阳气盛衰起决定性作用，阳气不足是不能抗邪的，这是疾病发生的根本原因。

34.怎样对症养阳？

根据《易经》的阴阳理论，我们受到启发，阳气才是生命的动力和源泉。生病是因为阳气受损，此时我们更应该养阳。而养阳最简单有效的办法就是晒太阳，根据不同病症，具体方法如下：

保健养生：在柔和阳光下进行日光浴，每次25分钟左右。

小儿强身健体：进行全身日光浴，每次时间不得超过20分钟。

佝偻病：取卧位，裸露全身，分上下两区进行全身日光照射，每次上半身20分钟，下半身30分钟。

慢性腹膜炎、慢性胸膜炎：进行局部日光浴，每次20～25分钟。

风湿及类风湿性关节炎：在夏日中午阳光最强时进行，根据患病部位选择全身或局部阳光浴，每次30分钟左右。

肥胖症：进行全身阳光浴，每次约40分钟。

第二节 五行平衡

中医五行平衡养生法是根据各种不同症候进行分析归纳，以明确疾病的病因病机，以及疾病所在部位，然后根据辨证，结合五行元素金、木、水、火、土的变化规律与五脏、五季、五个时辰的变化关系，调理气机，使人体顺应自然规律而正常运行，达到预防疾病的目的。

1.五行与五气有什么对应关系？

五行在大自然中表现的状态，即是五气。五气指风、热、湿、燥、寒。

木在自然界中对应风。风可以把世界上万物的种子不断地传播出去。

火在自然界中对应热，因为火有炎上之性。

土在自然界中对应湿。在人体当中，湿的基本概念就是中焦，“中焦如沤”，人们吃进去食物以后，食物要发酵运化，会有一个湿气运化的过程。

西方之金对应的是燥气，是收敛。

水在自然界中对应寒，寒气主收引，是凝聚。

2.五行相生是指什么？

五行相生是指五行之间相互滋生、相互促进的关系。其规律为：木生火，火生土，土生金，金生水，水生木。隋代养生家萧吉在《五行大义·论相生》中解释：“木生火者，木性温暖，火伏其中，钻灼而出，故木生火；火生土者，火热故能焚木，木焚而成灰，灰即土也，故火生土；土生金者，金居石依山，津润而生，聚土成山，山必长石，故土生金；金生水者，少阴之气，润燥流津，销金亦为水，所以山石而从润，故金生水；水生木者，因水润而能生，故水生木也。”直观解释为：木材燃烧生成火，火烧了木头成为灰土，土中有金属矿物，销金可以为铁水、铜水，水能灌溉树木。五行相生也有取象比类之义，泛指事物运动变化中的相互促进关系。

3.五行相克是指什么？

某事物对另一事物有制约、克服和抑制的作用叫相克。《宝命全形论》：“木得金而伐，火得水而灭，土得木而达，金得火而缺，水得土而绝，万物尽然，不可胜竭。”五行相克顺序是：木克土，土克水，水克火，火克金，金克木。木克土，因为树根苗的力量强大，能突破土的障碍；土克水，因为土能防水；水克火，因为火遇水便熄灭；火克金，因为烈火能熔解金属；金克木，因为金属铸造的切割工具可锯毁树木。

4.五行相乘是指什么？

相乘，即乘虚侵袭之义。五行相乘是指五行中的一行对其“所胜行”的过度克制和制约，又称“倍克”。五行相乘实为五行之间过度的相克，故相乘的次序与相克相同，即木乘土，土乘水，水乘火，火乘金，金乘木。

导致五行相克异常而出现相乘的原因有：

①所不胜行过于亢盛，因而对其所胜行的制约太过，使其虚弱。如木行过亢，则过度克制其所胜行土，导致土行虚弱不足，称为“木亢乘土”。

②所胜行过于虚弱，其所不胜行则相对偏亢，故所胜行也受到其所不胜行的加倍制约而出现相乘。如木行虽然没有过亢，但土行已经过于虚弱不足，木对土来说属相对偏亢，故土行也受到木行较强的克制而出现相乘，称为“土虚木乘”。

③既有所不胜行的过于亢盛，又有其所胜行的虚弱不足，两者之间的力量差距拉大，则出现较重的相乘。如既有木行的过亢，又有土行的虚弱不足，两者之间则出现更为严重的相乘，一般称为“木乘土”。

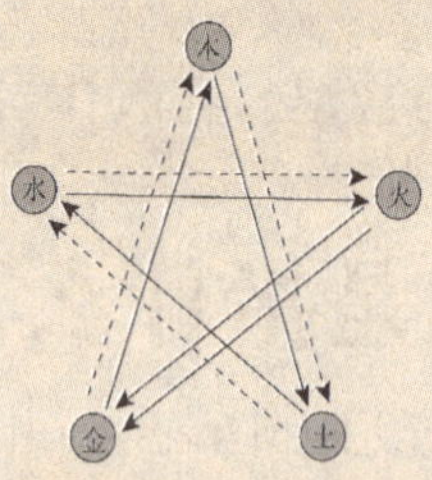

五行相乘图

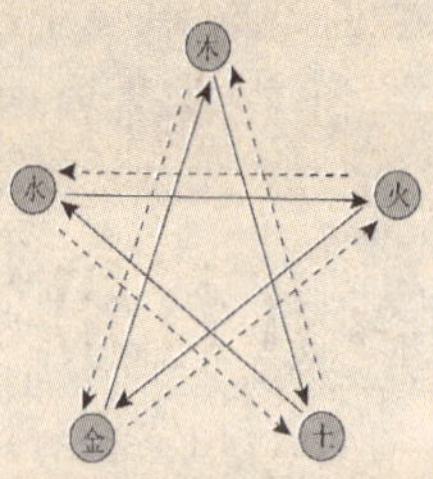

五行相侮图

5.五行相侮是指什么？

相侮，有恃强凌弱之义。五行相侮是指五行中的一行对其“所不胜行”的反向制约，又称“反克”。五行相侮，实为五行之间的反向克制，故相侮的次序与相克、相乘相反，即木侮金，金侮火，火侮水，水侮土，土侮木。

引起五行相克异常而产生相侮的原因是：

①所胜行过于亢盛，不仅不受其所不胜行的制约，反而反向克制其所不胜行，因而出现相侮。如木行过于亢盛，不但不受金行的制约，反而欺侮金行，一般称为“木亢侮金”或“木火刑金”。

②所不胜行虚弱不足，而其所胜行则相对偏亢，故所不胜行必然受到其所胜行的反向克制而出现相侮。如金行虚

弱不足，而木行相对偏亢，金行不但不能制约木行，反而被木行反向克制，一般称为“金虚木侮”。

③既有所胜行的过于亢盛，又有其所不胜行的虚弱不足，两者的力量差距拉大，易出现较为严重的相侮。如既有金行的虚弱不足，又有木行的过于亢盛，两者差距拉大，相侮则较为严重，一般称为“木侮金”。

6.五行制化的规律是怎样的?

相生、相克是一切事物维持相对平衡的两个不可缺少的条件。只有在相互作用、相互协调的基础上，才能促进事物的生化不息。例如，木能克土，但土也能生金制木，在这种情况下，土虽被克，但并不会发生偏衰。火、土、金、水都是如此。古人把五行相生寓有相克和五行相克寓有相生的这种内在联系，称之为“五行制化”。制化规律的具体情况如下：木克土，土生金，金克木；火克金，金生水，水克火；土克水，水生木，木克土；金克木，木生火，火克金；水克火，火生土，土克水。

7.五行与人体脏腑生理功能有怎样的关系?

金，金从革，金声响。具有变革的意思。引申为清洁、整理之意。肺属金，具有清肃的性质，主管人的呼吸系统。

木，是农林经济、自然环境的象征。木枝干曲直，向上逐渐拓展，所以有生长、上升、舒畅的脉络等特征。肝属木，有疏泄功能，主要掌控人的免疫系统。

水，是生命的源泉。水具有滋润万物的作用。引申为具濡养的功能。代表人的肾，主管人的循环系统。

火，是人类社会发展的推动力。火具有温热、上升的特性。代表人的心脏，主管人体的内分泌。

土，是我们人类生存的基础。土深沉，能种庄稼，能做泥墙。引申为具有生长、承载、收获的作用。脾有运输谷物、精微给五脏六腑和四肢百骸的功能，是气血生化的源头。土代表人的脾脏，主管人的消化系统。

8.五行与人体的对应关系是怎样的?

五行与人体中的五脏、六腑、五官、形体及情志的对应关系依次如下：

金：肺、大肠、鼻、皮毛，悲；

木：肝、胆、目、筋，怒；

水：肾、膀胱、耳、骨，恐；

火：心、小肠、舌、脉，喜；

土：脾、胃、口、肉，思。

9.五行生克是怎样反映脏腑生克关系的?

五行相生的次序是：木生火，火生土，土生金，金生水，水生木。在五行相生的关系中，任何一行都具有生我、我生两方面的关系，也就是母子关系，生我者为母、我生者为子。由于肝属木、心属火、脾属土、肺属金、肾属水，结合五脏来讲，就是肝生心、心生脾、脾生肺，肺生肾、肾生肝，前者对后者起滋生和促进作用。

五行相克的次序是：木克土，土克水，水克火，火克金，金克木。在五行相克的关系中，任何一行都具有克我、我克两方面的关系，也就是“所胜”“所不胜”的关系。克我者为“所不胜”，我克者为“所胜”。结合五脏来讲，就是肝克脾、脾克肾、肾克心、心克肺、肺克肝，前者对后者起着制约和阻抑的作用。

10.怎样利用五行推断病情?

在中医学中，人的脏腑可以与五行相对应，中医认为脏腑五行和谐和人体的健康关系密切。五行学说就是强调多边关系要有相对动态的平衡，五行平衡、协调就是指五脏六腑正常运行，预示着身体健康。五行一旦失去平衡则会产生疾病。当内脏有病时，人体内脏功能活动及其相互关系的异常变化，可以反映到体表相应的组织器官，出现色泽、声音、形态、脉象等诸多方面的异常变化。由于五脏与五色、五音、五味都归属于五行，在临床诊断疾病时，就可以综合望、闻、问、切四诊所得的信息，根据五行的归属及其生克乘侮的变化规律，来推断病情。

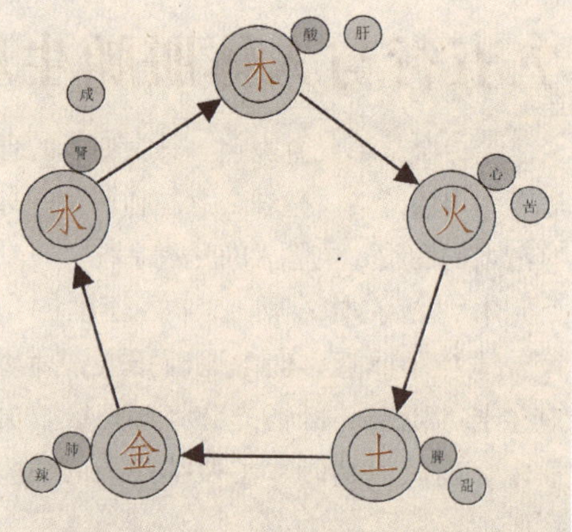

五脏、五味、五行的关系

11.五行是怎样说明五脏传变的?

五脏在生理上相互联系，在病理上也是相互影响的，本脏之病可以传至他脏，他脏之病也可以传至本脏。这种病理上的相互影响就称为传变，可以分为相生关系的传变和相克关系的传变。

相生关系的传变，包括母病及子和子病犯母两个方面。

（1）母病及子

是指疾病的传变，从母脏传及子脏。如肾属水，肝属木，水能生木，故肾为母脏，肝为子脏，肾病及肝，即母病及子。

（2）子病犯母

又称“子盗母气”。指病邪从子脏传来，侵入属母之脏，即先有子脏的病变，后有母脏的病变。心属火；肝属木，木能生火。肝为母，心为子，其病由心及肝，由子传母，病情较重。

相克关系传变：包括“相乘”和“相侮”两个方面。

（1）相乘

是相克太过为病，如木旺乘土，又称“木横克土”，即肝木克伐脾（胃）土，先有肝的病变，后有脾（胃）的病变。肝属木，脾（胃）属土，木能克土，木气有余，相克太过，其病由肝传脾（胃）。病邪从相克主方传来，侵犯被克脏器。

（2）相侮

又称“反侮”，是反克为害，如木火刑金，由于肝火偏旺，影响肺气清肃。肝病在先，肺病在后。肝属木，肺属金，金能克木，今肝木太过，反侮肺金，其病由肝传肺。病邪从被克脏器传来，此属相侮传变。

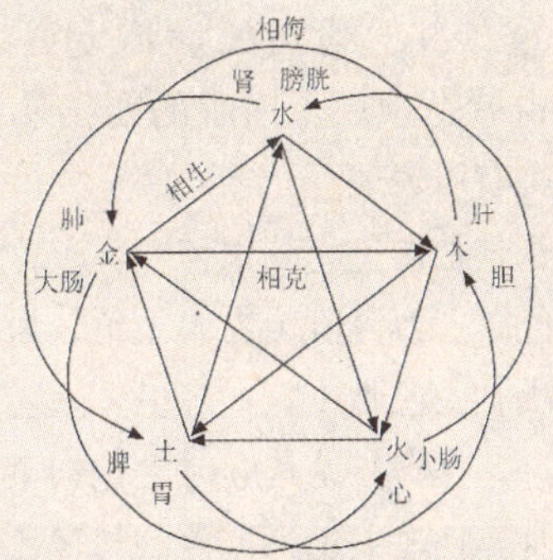

中医将五脏与五行相联系，以说明五脏之间的相生相克关系

12.怎样运用五行学说控制疾病的传变？

五脏间的传变具有一定的规律，掌握了这些规律就能控制疾病的走向，将疾病对人体造成的危害降到最低点。治疗的时候依据传变规律，在对生病的脏器进行治疗的同时还要顾及其他相关脏腑，防止传变的发生。例如，肝属木，当肝生病的时候，由于木克土，病情很容易向脾胃土传变，治疗的时候就要兼顾脾胃，适当地补益脾胃，使脾胃之气健运，则肝病难以传变至脾胃。这就是《金匮要略》中所说的：“见肝之病，知肝传脾，当先实脾。”

13.五行与发病的季节性有什么关系？

五行与春、夏、长夏、秋、冬五季相对应。春夏秋冬是我们所熟悉的四季，长夏是指夏季和秋季之间的季节，也就是人们常说的“秋老虎”。长夏热不及夏季，但是较夏季更为潮湿，与五行中的土和五脏中的脾相对应。

五行代表着五脏的属性，同时五季揭示了五脏常发病的季节，这样就使五脏发病与季节之间可以用五行学说来解释。一般来说，五脏容易在其五行所主的季节受邪发病，也就是春天多发与肝脏相关的疾病，夏天多发与心脏相关的疾病，长夏多发与脾脏相关的疾病，秋天多发与肺相关的疾病，而冬天多发与肾相关的疾病。

14.如何运用五行学说推断病情的轻重和预后？

中医重视面部色诊，根据五行主色理论，可以通过面部色泽的变化判断病情轻重，并对之后的病情发展进行预测，也就是预后。内脏的变化都会在颜面部位有所表现。

五脏之常色为“主色”，应时之色为“客色”。客色胜（克）主色，为顺，病较轻浅；主色胜（克）客色，为逆，病较深重。如脾病若见其应时之色为黄色，为顺，因脾脏之主色为黄色，与客色一致；若其应时之色为青色，亦为顺，因为这是木克（乘）土的“客胜主”；若其应时之色为黑色，则为逆，因为这是土克（乘）水的“主胜客”；其他依此类推。

中医还用“色脉合参”来推测疾病的预后。所谓色脉合参，即对通过色诊和脉诊所收集的资料进行综合分析，以评价病情的轻重，推测疾病的预后。如果表现出来的面色与所切得的脉相符，则提示疾病走向比较理想，预后较好；反之，如果切得的脉与面色是相克的关系，则病情堪忧。

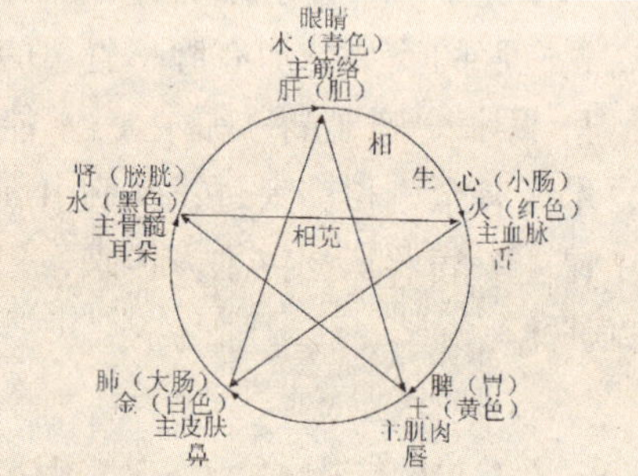

中医通过病人脸色与五行颜色的对应来判断疾病的位置

15.如何运用五行学说指导用药？

五行学说将五脏和药物的五色、五味分归于五行。根据中医“同气相求”的原则，在同一行中的具有某种色味的药物与某脏存在着一种特殊的“亲和”关系，该药品能够调整该脏的功能失调。具体地说，即青色、酸味入肝，赤色、苦味入心，黄色、甘味入脾，白色、辛味入肺，黑色、咸味入肾。如白芍、山茱萸味酸入肝经以滋养肝之精血，朱砂色赤入心经以镇心安神，石膏

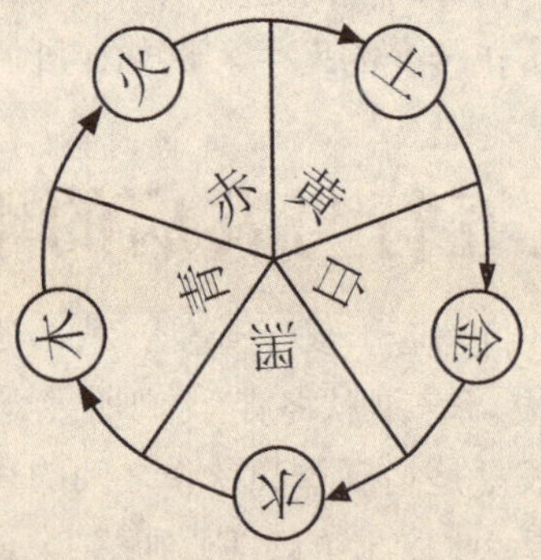

中医常根据五行与五色的关系来对症下药

色白味辛入肺经以清泻肺热，黄连、莲子芯味苦入心经以清心泻火，黄芪、白术色黄味甘以补益脾气，元参、生地色黑味咸入肾经以滋养肾阴等。

16.五行学说在生理方面的运用有哪些?

五行学说在生理方面的运用，可以概括为以下三点：

①五脏配五行，五脏又联系着自己所属的五体、五官、五志等，从而把机体各部分联结在一起，形成了中医学的以五脏为中心的生理、病理体系，体现了人体的整体观。

②根据五行生克制化规律，阐释机体肝、心、脾、肺、肾五个系统之间相互联系、相互制约的关系，进一步确立了人体是一个完整的有机整体的基本概念。

③根据五脏为中心的五行归属，说明人体与外在环境之间相互联系的统一性。

总之，五行学说运用于生理，就在于说明人体脏腑组织之间以及人体与外在环境之间相互联系的统一性。

17.根据五行相生规律有哪些治疗疾病的方法?

疾病的传变，多见一脏受病，波及他脏而使之同病。因此，在治疗时，除对本脏进行治疗外，还应根据五行的生克乘侮规律来调整各脏之间的相互关系。

根据相生规律确定的治疗原则是：虚则补其母，实则泻其子。根据相生规律确定的治疗方法有以下几种：

滋水涵木法：是滋养肾阴以养肝阴的方法，又称滋肾养肝法、滋补肝肾法。适用于肾阴亏损而肝阴不足，以及肝阳偏亢之症。

益火补土法：是温肾阳而补脾阳的一种方法，又称温肾健脾法、温补脾肾法。适用于肾阳衰微而致脾阳不振之症。

培土生金法：是用补脾益气而补益肺气的方法，又称补养脾肺法。适用于脾胃虚弱不能滋养肺脏而致肺虚脾弱之症。

金水相生法：是滋养肺肾阴虚的一种治疗方法，又称补肺滋肾法、滋养肺肾法。金水相生是肺肾同治的方法，有“金能生水，水能润金”之妙。适用于肺虚不能输布津液以滋肾，或肾阴不足使精气不能上滋于肺，而致肺肾阴虚之症。

18.根据五行相克规律有哪些治疗疾病的方法?

根据五行相克规律确定的治疗原则是：治疗时采取抑强扶弱的手段，并侧重于制其强盛，使弱者易于恢复。抑强可用于相克太过，扶弱可用于相克不及。根据相克规律确定的治疗方法有以下几种：

抑木扶土法：是以疏肝健脾药治疗肝旺脾虚的一种方法，又称疏肝健脾法、平肝和胃法、调理肝脾法。适用于木旺乘土、木不疏土之症。

培土制水法：是用温运脾阳或温肾健脾药以治疗水湿停聚为病的一种方法，又称敦土利水法、温肾健脾法。适用于脾虚不运、水湿泛滥而致水肿胀满之证。若肾阳虚衰，不能温煦脾阳，则肾不主水，脾不制水，水湿不化，这是水反克木，治当以温肾为主，兼顾健脾。

佐金平木法：是清肃肺气以抑制肝木的一种治疗方法，又称泻肝清肺法。临床上多用于肝火偏盛、影响肺气清肃之症。

泻火补水法：即泻心火滋肾水，又称滋阴降火法、泻南补北法。适用于肾阴不足、心火偏旺、水火不济、心肾不交之症。

19.如何用五行指导治疗情志病？

在外界环境中或从事社会活动时，人的内心会产生不同情志变化，包括压力和负面情绪的产生，严重时可能影响到身体机能以及精神状态，此即中医所谓的“情志病”。在中医典籍中，对情绪反应不外乎以“五志”“七情”统之。即将喜、怒、忧、思、悲、恐、惊，分别归入心、肝、脾、肺、肾的脏象系统中。

《情志疗法》依据五行生克制衡理论，而有以情胜情疗法。如《素问·阴阳脏象大论》所说：“悲胜怒、恐胜喜、怒胜思、喜胜悲、思胜恐。”“悲胜怒”就是悲伤战胜大怒，金克木，肝主怒，大怒则肝火不能收敛，因此用肺金收敛的方法来降肝火。“恐胜喜”的意思是恐惧可以战胜过喜的情志症状，一定要找到一个病人平常见到觉得很恐惧的人，才可以做到这一步。“怒胜思”意思是一个人思虑太过的话，激怒他就可以了，这是一个很好的办法。“喜胜悲”，意思是高兴就能战胜悲伤，喜是火，悲是金，用五行的说法就是火克金。“思胜恐”意思是思虑可以战胜恐惧，这就是五行里说的土克水。

20.什么是五脏之气？

“脏气”是一种无形的物质，它存在于人体内的每一个角落。人体内的气与肺从外界吸入的“清气”，共同构成人的一身之气，分布在脏腑的就被称为“脏气”，脏气具有调控脏腑生理功能的作用。

精气能够促进和控制心脏的搏动、

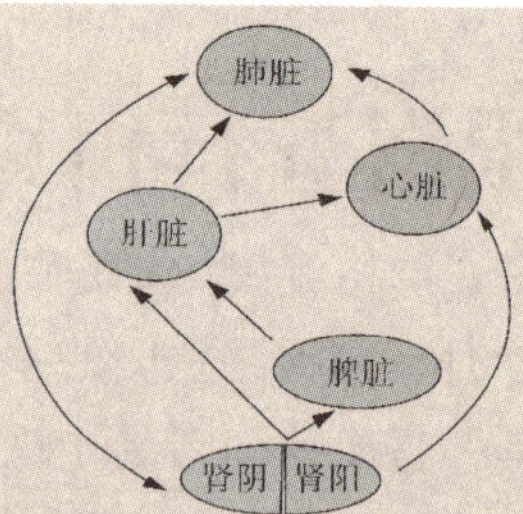

脏气简易升降图

血管的收缩和舒张，从而调控血液循环；肺气则调控呼吸运动，中医认为它也负责水液代谢的部分工作；肝气主管着肝脏的“疏泄”功能，对血容量、水液的均衡分布、饮食的消化吸收以及人的生殖功能都有影响；脾气主要控制着营养物质的生成和运输；肾气主管人的生长发育和生殖机能，也参与水液代谢，控制呼吸的深度。

五脏之气相互协调才能使人体的功能正常发挥。所以只有在五脏没有偏废的情况下身体才能健康。

21.什么是运气学说？

运气学说是中国古代研究自然界气候变化规律，以及气候变化对生物体，尤其是对人体生理、病理等影响的学说。

运气学说由五运和六气两部分组成。“运”指运行。五运指木、火、土、金、水，是地球以外太阳系的行星运行规律对气候的影响的五种现象。“气”指大气。六气指厥阴风木、少阴君火、少阳相火、太阴湿土、阳明燥金、太阳寒水，是形成气候变化的空气形态因素。运气学说认为自然界有五运六气的变化，人体也有五脏之气和三阴三阳六经之气的运动。同时认为自然界五运六气的变化，与人体五脏六经之气的运动是内外相通的，因而自然界的五运六气可以影响人体五脏六经之气的生理、病理。所以看五脏六腑的变化就要关注五运六气的变化。

22.六气学说讲的什么内容？

六气，主管一年四季的气候变化，具体是指风、暑、火、湿、燥、寒六种气候。这六气之间有着相互扶助、相互制约的关系，共同维持着自然气候的正常变化。

六气之间的承制关系如下：火的下面会有水气承续和制约；水的下面会有土气承续和制约，土的下面会有风气承续和制约，风的下面会有金气承续和制约，金的下面会有火气承续和制约，君阳的下面会有阴精承续和制约。

一年以春为始端，春夏秋冬的二十节气分为六部分的气，初之气由厥阴风木主管大寒到春分，二之气由少阴君火主管春分到小满，三之气由少阳相火主管大暑到秋分，四之气由太阴湿土主管秋分到小雪，五之气由阳明燥金主管小雪到大寒，六之气由太阳寒水主管小雪到大寒。

六气的变化来源于天地间的阴阳之气，因此说寒、暑、燥、热、湿、风、火这六气是天地的阴阳变化所致。我们知道阴阳状态分为三阴和三阳，三阳就是太阳、阳明、少阳，三阴就是太阳、少阳、厥阴。

六气是自然气候变化的表现形式，天地阴阳是六气变化的根本原因。如果能遵循标本结合的道理来调理六气，那就是吉利的运势。所谓标本结合就是厥阴用风化，少阴用热化，太阴用湿化，少阳用火化，阳明用燥化，太阳用寒化。

如果六气与时令相辅相成，那就是天地间的六元正气。倘若不能相配合，就成为邪气了。

23.什么是气运相临?

天干纪运，地支纪气。所谓的五运和六气的运用都是有着紧密的合作关系的。运与气的结合，从命理中天干和地支的配合可以看出来。

每年的年号都是由一个天干和一个地支组成的，若想推算某年的运气情况，就需要把这一年所对应的天干和地支结合起来，进行综合分析评判。

所谓运气相临，就是说五运与六气相结合的情况，气运相临反映出来就是气的旺盛与衰败。根据运与气的五行生克关系，可以得出具体的盛衰情况。

首先，运盛气衰的情况，是说运生旺气，或是运旺盛而气衰弱。譬如说在辛亥年的时候，大运为水，值年之气为风木，由于水是可以生木的，所以是运生旺气的情况，故辛亥年为运盛气衰。而至于气盛运衰的情况，则是气生运或者气克运。一样的，气盛运衰则是指的值年司天之气克制大运的五行。

运与气的盛衰，都是主岁值年的轮班更替所导致的。根据运与气的盛衰，可以推测出各年运气变化的主次。若是运盛气衰的年份，就以运为主气为次。反之，则以气为主运为次。以五运为主，六气作为参考，可以推算该年的气候变化，以顺应四时万物，调节五行生克关系。

《易经》认为，气运若相生则为和。譬如说木与火相邻、金与水相邻，这都是可以上生下，也就是气生运。如果不相和则会出现疾病，譬如木与土相邻、土与水相邻，都是上下相克的情况，是气克制运，就会出现病症。同理，如果是运生旺气，会出现小的病痛；如果是气克制运，会出现严重的病症。

第三章 八卦养生

第一节 八卦与生命

《易经》作为一部严谨的哲学著作，它对人体生命之谜的阐释主要体现在五行八卦学说之中，八卦各有其对应的五行、人体部位和疾病等。我们用八卦之象来探寻人类的体质，事实上是在先觉先知人的身体素质和健康状况。

1.《易经》六十四卦中记载了哪些饮食之道？

“民以食为天”，饮食是人类赖以生存和繁衍的基础，只有在此基础上，人类才能创造出伟大的文明。因此，人类诞生后第一个活动就是寻找食物。《易经》六十四卦对人类饮食方面的记载可从以下几方面来阐述：

①饮食卫生。《噬嗑卦》就有关于食物中毒的记载：“噬腊肉遇毒。”《井卦》论述饮水问题，提出“井泥不食”“井渫不食”等饮水卫生要求。而《井卦·象辞》还提及“寒泉之食，中正也”，认为泉水以寒者为贵，清洁卫生。

②细嚼慢咽。六十四卦之中，《噬嗑卦》《颐卦》都提倡咀嚼食物，认为这是颐养之道。

③节制饮食。《需卦》也被有些学者认为乃饮食之道，《需卦·象辞》：“需，君子以饮食宴乐。”《颐卦》强调：“君子以慎言语，节饮食。”《困卦》亦指出不能“困于酒食”。

④有关食物的记载。八卦在取象时，据《周易·说卦》记载，伏羲氏观鸟兽之文，远取诸物，以“乾为马，坤为牛，震为龙，巽为鸡，坎为豕，离为雉，艮为狗，兑为羊”，这些动物之中除“龙”之外，均为可食的动物。在其他卦中还有“干肉”“腊肉”“雉膏”“灵龟”“鱼”“酒”“井”“寒泉”等食物的记载。

2.六十四卦中记载了哪些安居乐业的思想？

人类有了饮食才得以维持生命，而栖身之所则是保证生命安全和休息的场所，在《易经》六十四卦里时有所见，这是人们只有“安居”才能“乐业”的反映。在远古时代，正如《屯卦》所说：“磐桓，利居贞，利建侯。”人们以石头做院墙，既可挡风雨，又可防野兽，所以“利居贞”“利建侯”。《大过卦》：“栋桡，凶。”“栋隆，吉。”表明栋梁对房屋的重要性。栋梁弯曲欲折，对生命构成威胁，则凶；而栋梁高耸，能负重荷，则吉。《贲卦》：“贲于丘园。”就是对居所装饰的记载。旅游是离开栖身之所，在古代外出旅行并不容易，因此，《旅卦》提出了旅游保健的要求，如集中思想、防止意外、保护同伴和自身安全等。

3.八卦对生活环境有怎样的记载?

八卦把人类生命置于宇宙大环境之中，同时也重视人类的生活环境，因为人类生活不仅与天文、气候、历法等自然大环境因素相关，而且也与地理环境密切相连。八卦取象时：“伏羲俯察地理以画八卦，故四方、九州、鸟兽、草木，十二支之属，凡丽于地之理者，八卦无不统之。”八卦也通过地理环境来取象和确定方位。八卦中坤地、坎水、艮山、兑泽、离火都是地理环境因素，它们对人类生活的影响主要表现在人的适应能力方面。不同的环境之中，人的生理和心理反应也不相同，如“坤为地……为吝啬……其于地也为黑”；“坎为水，为沟渎……其于人也为加忧，为心病，为耳痛，为血卦，为赤”；“离为火……其于人也为大腹”；“兑为泽……为口舌，为毁折”。以上均见之于《周易·说卦》，是对八卦的解说，却无意中将人与生活环境联系在一起。

4.八卦与人体疾病有怎样的对应关系?

乾卦属金，对应于肺病、大肠及头部疾病、男科疾病、结肠、便秘、伤寒、老年性疾病等。

坤卦属土，对应于脾胃、腹部之病，常主饮食不纳，消化不良。有时为肿瘤、浮肿、妇科病、更年期疾病、皮肤病等。

震卦属木，对应于肝胆、足部之病及精神病、狂躁症、咳嗽、羊角风、咽炎、气滞、骨折、受惊、神经衰弱、神经过敏、肝火旺、腿病、多动症、癌症等。

巽卦属木，对应于血管病、中风、风疾、癌症、偏瘫、肠病、风寒、伤风感冒、传染病、坐骨神经痛、淋巴疾病、喘息、哮喘病等。

坎卦属水，对应于泌尿系统疾病、寒症、水泻、拉肚子、消渴症（糖尿病）、内分泌失调、性病、遗精、中毒、生殖器之病等。

离卦属火，对应于眼病、血液病、月经不调、上焦失调、热病、幻觉幻视病、烧伤、中暑、乳房疾病、发烧、妇科病等。

兑卦属金，对应于气滞病、气逆喘疾、饮食不纳、痰多、口腔疾病、咳嗽、牙痛、血压低、贫血、伤残、外伤、皮肤病、气管及食道等病。

艮卦属土，对应于肿瘤、痘疹、结石症、血脉与气血不通等病。

第二节 六十四卦中的养生智慧

《易经》六十四卦揭示了宇宙生命的循环运动规律，对人体来说，六十四卦象征着人体的生命规律，前三十二卦对应人的前半生，后三十二卦对应人的后半生。六十四卦中包含很多关于养生的智慧。

1.六十四卦与人体生命科学有怎样的关系？

六十四卦象征着人体的生命规律。其中，坤卦为阴气隆盛，为万物滋生，乃生命之开始；至泰卦为水火各半、阴阳均衡之际，生命逐渐兴旺；至乾卦乃太阳当顶、阳气鼎盛之时，为生命的高峰；临否卦，阳气渐衰，阴阳不能相交，生命力逐渐下降，乃至衰老死亡。六十四卦正揭示了人的一生所经历的“生——长——壮——老——死”这一过程，前三十二卦应为人的前半生，后三十二卦则为人的后半生。

2.乾卦有怎样的养生指示？

乾卦为刚健积极、自强不息的盛运之卦。它揭示了阳刚强健的本质作用及其发展变化规律，勉励人们效法“天”的刚健精神奋发向上，同时也要慎重而行。对于生命而言，健康为人类生命的本元，有了健康才能使人生畅通无阻，诸事顺利。健康是人们自强不息的根本保证，人们应遵循生命节律的变化，懂得劳逸结合。

适度的紧张和压力是健康的兴奋剂，但正如乾卦所言：“君子终日乾乾，夕惕若，厉无咎。”过度紧张也使我们长期而反复地处于超生理的紧张状态，如果不加注意，将会危害身体健康。因此，我们应学会劳逸结合，不要使自己身体和心理陷于疲惫不堪的状态。工作之余应多与亲朋相聚，并适当参加文娱活动，有了病不要因工作忙而延误诊治。这些都是我们缓解紧张和压力的简单易行之法。

另外，适当的睡眠是一种深层次的生理需要，也是身体健康的必要条件。我们的身体只有在睡眠状态下才会开始进行细胞修复工作，并产生新细胞。重要的解毒器官——肝脏，也是在人的睡眠状态下非常活跃地工作的。所以，每天一定要保证充足的睡眠。

3.屯卦有怎样的养生指示？

健康的家庭生活是身体健康的有力保障，它包括居住环境健康和婚姻生活的健康。

（1）居住环境的健康

屯卦以为，用大石头做院墙的住所是安全的居所，这在古时的条件下，确实可称为“安居乐业”了。而在现在，一般来说，建筑和装修新房应把健康问题放在首位，因为它直接影响人的生长发育、疾病的发病率和死亡率，也关系着人们的健康水平。因此，在规划设计时，要考虑自然条件，如与污染源的距离、污染源的方位；选料注意选择放射性较低的建筑材料；要保证室内通风和采光较好；使用电脑、电子设备的室内应注意防静电辐射和臭氧刺激；乔迁新居前要用漂白粉、澄清液消毒和开窗通风。

（2）正确对待不孕症

屯卦曰：“女子贞，不孕，十年乃孕。”提到了妇女不孕的烦恼。现代医学认为性生活3年以上，未采取任何避孕措施而不孕者，便可认为患有不孕症。不孕的原因有多种，最常见的是女子卵巢功能障碍，不能正常排卵，或不能造成受精、着床条件，此外生殖器形态变化、子宫疾病、内分泌紊乱、心理因素等均可引起不孕。而男性精液的质和量不高、男子阳痿与早泄，以及其他某些疾病，也是引起女子不孕的原因。因此，疑有不孕症时，男女双方都应消除心理上的过度紧张情绪，相互合作体谅，并到医院进行系统检查，找出原因再进行适当的治疗。

屯卦提示我们要保持居住环境的健康

4.小畜卦有怎样的养生指示？

小畜卦表示蓄积不足。抑郁症已经不再是大家陌生的名词。小畜卦认为：“密云不雨，自我西郊。”这是阴郁的表现。“密云不雨”象征阴气过甚而充盈，但阴力过弱，是阴郁、焦虑的状态。因此，应小蓄精力，稍事停留，以战胜忧郁，归复正道。小畜卦正是从这方面给我们以启迪。

很多人虽然离抑郁尚远，但是难免被不开心、情绪低落、失眠、焦虑等所困扰。因此，在日常生活中，一定要学会自我调解，及时地摆脱负面情绪。

小畜卦认为，良好的人际关系是治疗心情抑郁的良方。自己有了苦闷，不妨向知心朋友一吐为快。但是，应当记住，不可过多地在别人面前诉苦，以致别人误以为你在博取同情。你应当以愉快的心情面对社会，充实自己的生活和头脑，使精神有所寄托，这样诸多烦恼和忧虑自会减少。

5.大有卦有怎样的养生指示？

大有卦卦象是上离为日，下乾为天，象征红日高照，为强大盛运之卦。对于生命而言，阳光为生命之光，人只有吸收太阳之精气，才会健康长寿。

从《易经》的阴阳理论中我们受到启发，阳气才是生命的动力和源泉。我们要想永葆健康，必须坚持不懈地保养与延长我们的阳气，对抗阴气的生长，从而使阳气始终处于旺盛的状态。这就是《易经》这部玄妙与智慧之书告诉我们的养生真谛。

中医认为，晒太阳能使血盈气刚、肌肉牢密，可除湿散寒，舒经活络，气血和则疾病去也。因此，不论男女老少，都可通过适当地晒太阳而增进健康。

养阳得和天时相应，学会四季养生。四季中，春夏是阳气最多的季节，那么我们春夏就应该养阳。

学会结合阴阳消长来做运动。一天之中，早上的时候，太阳出来了，当太阳在上午逐渐升高的时候，自然界的阴阳是阳长阴消的，是阳气增加的时候，这时的运动要以动养为主，多运动。同样，下午到傍晚时段，太阳慢慢下降，此时自然界的阴气逐渐增加，阳气逐渐减少，我们可利用天时进行静养。

大有卦提示我们要适当地晒太阳以增强阳气

6.豫卦有怎样的养生指示？

本卦主欢乐。虽然卦名是豫，但并非描述喜悦和乐的景象，而是谆谆告诫和乐容易沉溺，必须高瞻远瞩，居安思危。乐要有节制，适可而止，不可自鸣得意，不可迟疑不决，不可在安乐中沉迷，必须如磐石般坚贞，坚持中正诚信的原则，精诚团结，因应时机，以防乐极生悲。

豫卦告诉我们，如果放纵自己，贪图享乐，那么就会损害健康。健康的生活应该是有节制的生活，而现代人的生活恰恰就在于缺少节制，没完没了的饭局、不分昼夜的娱乐……这些都是用健康作为代价的。近年来，一些“富贵病”，如高血脂、高血压、高血糖、肥胖等，与吸烟、酗酒、缺乏体力活动、膳食不合理等生活方式密切相关，已成为影响我国居民健康素质的大敌。当药物、手术、医院、医生的作为相对有限时，我们的当务之急是从今天起摒弃不良习惯，做健康生活方式的受益人。

7.噬嗑卦有怎样的养生指示？

口中有物，可啮合。噬嗑，有咬合之义。噬嗑卦以口中咬合食物为喻，阐发“施用刑法”的含义。噬嗑卦虽然是用咀嚼之道来比喻刑法之道，但是在无意间揭示了一个养生道理：细嚼慢咽为养生的基本功。

历史经验和科学实验都已证明，细嚼才能品出健康长寿的滋味。因为细嚼能促进胃液分泌，将食物磨得更细，便于消化吸收并减轻胃肠负担；细嚼能增加唾液分泌，形成保护胃部的薄膜，预防胃溃疡；细嚼能延长用餐时间，用少量食物让人有饱腹感，能防止发胖；细嚼有利于降低餐后血糖、血压、胆固醇；细嚼能锻炼面部肌肉，减少皱纹；细嚼能缓解紧张情绪；细嚼还有助于增进视力、预防牙病、防治口臭、提高大脑的思维能力和记忆能力。

另外，细嚼慢咽能使人心绪平稳；进食过快可使人心跳加快，情绪紧张，对心脏不利。

细嚼慢咽还可降低异物进入食管的概率，正如本卦所言：“噬干胏，得金矢……噬干肉，得黄金。”而快食狼吞者则容易食入异物而造成危险。

噬嗑卦提示我们吃饭应细嚼慢咽

8.颐卦有怎样的养生指示？

颐卦的宗旨就是颐养之道，饮食是颐养之本。“民以食为天。”“饮食，活人之本也。”一语道出“食”的重要性。

吃对的食物，可以吃出健康；吃不对的食物，非但对健康无益，反而会招来疾病。所谓“病从口入”，讲的就是这个道理。因此，想要不生病，就要从日常的饮食开始调理；如果已经生了病，则更要注重饮食调养。

中医历来认为药食同源，食物与药物之间本没有绝对的界限，只是一般之人为食物的性味偏于平和。我国最早的药学专著《神农本草经》中列为上品的药物大部分是日常食物，比如大米、红枣、干姜、茴香、黄花、杏仁、百合、核桃、莲子、蜂蜜、西瓜、大蒜等，这些都是我们常吃的食品，又都是常用的中药。

药王孙思邈认为治疗疾病应首选食疗："夫为医者，当须先晓病源，知其所犯，以食治之，食疗不愈，然后命药。"现代营养学也认为，在日常养生调理中，要掌握正确的方法，先食补再药补，食补无效，才选择药补；另外，对不同的病症要采取"辨证施治"的原则，将药食相结合对症施用，才能起到安全有效的补益作用。

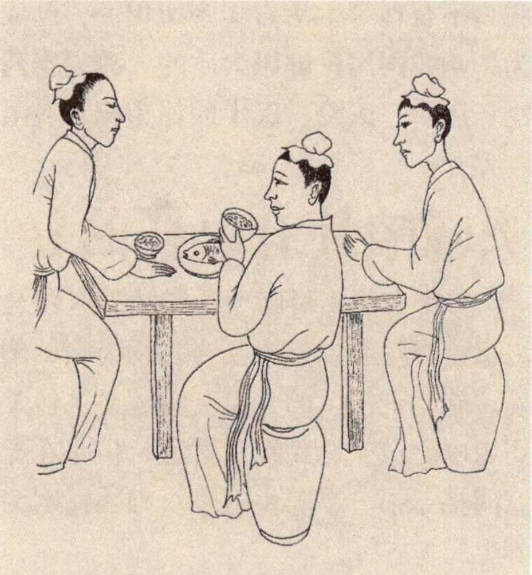
颐卦提示我们应吃对食物

9.损卦有怎样的养生指示?

本卦卦象是上艮，为山；下兑，为泽。山下有泽，减损泽中之土来增益山，山高泽低，这为损之象。象曰：山下有泽，损；君子以惩忿窒欲。

损卦从多个角度阐释了损益的原则，尤其是它要求人们效法其原则，熄灭贪嗔痴，避免产生各种过激的情绪，这不仅是人们修身养性的需要，更是保证身体健康的需要。这跟中医养生中的七情养生法是一致的。

在中医养生中，七情即喜、怒、忧、思、悲、恐、惊七种精神状态的变化。一般来说，七情是一种正常的生理表现，一般不会使人生病。只有在突然的、强烈的或持久的精神刺激下，引起情志急剧波动，如暴怒、狂喜、大惊、卒恐、悲哭、过思、忧郁等，超过了人体的生理承受范围，加之人们面对外来刺激不能自我调节适应，使人体气机紊乱，脏腑气血阴阳失调，导致疾病发生时，七情才成为致病因素。七情异常直接影响内脏的生理功能：大喜伤心，大怒伤肝，大思伤脾，大恐伤肾，悲、忧伤肺，惊伤心胆。因此，人们要学会克制自己的愤怒和贪欲等，学会平衡自己的心理，这不仅是修身养性之道，也是养生之道。

第三节 八卦与相关临床诊法

八卦用于临床诊断，是一种由外而知内的生物全息诊断方法。生物全息的主要论点是生物每一个单元，哪怕是一个细胞，都蕴藏着整个生物体的全部信息。运用八卦诊病，就是通过人体每一个局部的微细变化来掌握人体全部信息的变化及其发生、发展规律。

1.什么是面部形色八卦诊法？

面部形色八卦诊法是通过观察面部的形态和色泽改变，结合八卦方位诊察脏腑病变的方法。

面部区域对应的八卦方位分别是：离卦属心位于额，坎卦属肾位于颏，中央脾土在卦为艮、坤，位于右额角及左腮，震卦属肝位于右颊，兑卦属肺位于左颊。

面部色泽浮露，病在表在腑；隐藏于皮内，病在里在脏；初浮后沉，病由表入里；初沉后浮，病自里出表。色泽清亮病在阳，色泽晦浊病在阴。色泽轻浅而淡，属正气虚；色泽深浓而重，属邪气实。面部颜色浮泽显明，病有生机；色泽枯槁，病趋严重。

面部形态则以肿、胖、丰厚、清癯为辨。面肿为水肿，腮肿为热盛，浮胖为阳气虚，丰厚为正盛，清癯为气虚，消瘦为阴虚精亏。

面部五色以青色主风主痛病在肝，赤色主热病在心，黄色主湿病在脾，白色主虚主寒病在肺，黑色主寒主水主痛病在肾。《四诊抉微》说：“风则面青，燥则面枯，火则面赤，湿则面黄，寒则面黑，虚则面白，面黑阴寒，面赤阳热，青黑兼见为风为寒为痛相值，黄白兼见为虚为气，再者为湿，青白兼见为虚为风为痛三者。”

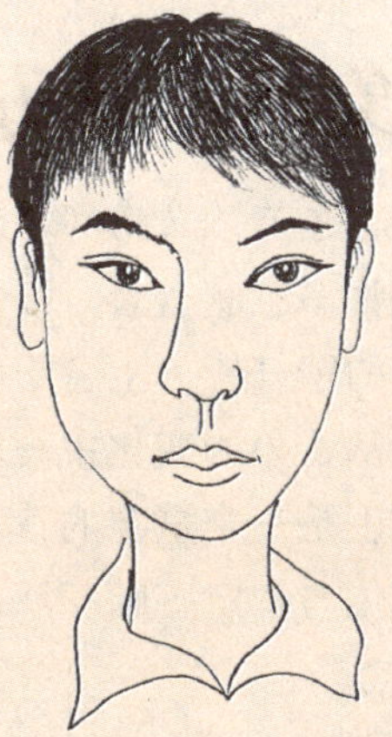

观察面部的形态和色泽变化可断病

2.面部形色八卦诊法有哪些注意事项?

面部形色诊要注意，五色面诊只是就一般情况而言，不可拘泥。如：面赤不烦，饮水不得入口，为元气虚，非为热证，是无根之虚火上炎；面部微红而汗出口不渴，是真寒假热之证；面赤色深而痒，是风邪郁阻血分；面微赤而色鲜，是气盛火炎；面赤而泽是血虚火旺；两颧面赤如妆，为阴火亢极；两颧时赤，为虚火上炎；面颊赤如桃花为痓。临症时仔细详审，方可不误，再结合色泽及出现的部位就更为准确。

面部形色诊还应注意危重症候的审查。如：面赤如脂为心气绝而虚阳发于上的表现，证属重症危症。《黄帝内经》说："赤色出两颧，大如拇指者，病虽小愈，必卒死。"前人还总结了许多面部望诊以决生死之法。如："肺病见赤，心火刑金，证为难治"；"准头印堂有赤色，枯夭者死，明润者生"；"赤而黄，赤而青，为相生则吉，赤而黑，为相克则凶"；"面忽如马肝色，望之如青，近之如黑者死"（《脉经》）；"面无精光若土色，不受饮食者四日死"；"色黄枯燥面夭，其证必死"；"病人卒肿而面色苍黑者死"。

另外，望诊须结合八卦的生克关系进行，《脉经》说："颧上赤青唇带白，中风之疾恐难释。"颧属面部，八卦的震、兑之位，震为雷，青赤主风火。震是动的意思，兑为泽是悦的意思，震兑相合为归妹卦，《爻辞》说："归妹，征凶，无攸利。"兑震相合为随卦，卦德为人悦而我动。风火之气人于震兑之地，使邪随情志迅速变化，发疾如雷，所以主中风之疾来势迅速。

3.舌象的八卦方位是怎样的?

舌为心之苗，又为脾之外候，舌通过经络与许多脏腑有着直接和间接的联系，脏腑的精气皆可上营于舌，脏腑的病变亦可从舌象的变化中观察出来，舌诊在临床上是一个重要的诊断环节。舌的一定部位与一定脏腑相联系，在望诊时可作参考。

舌的分布，说法较多，按八卦分布，可有两种分法。一种是离为心，居南，属火，见于舌尖；坎为肾，居北方，属水，见于舌根；震为肝，居左（东方）属木；兑为肺，居右（西方）属金；乾为大肠，居舌根右侧（西北）属金；艮坤为脾胃，居于舌中，中心属胃，四畔（即中心的周围）属脾，脾属水，胃属土。

另一种是按卦爻相配，上焦为艮卦，在爻位为上爻；中焦为巽卦，在爻位为中爻；下焦为兑卦，在爻位为初爻。

4.舌象八卦诊法如何诊断疾病?

舌边有紫斑或青紫色，见于舌尖右侧坤卦位置，为妇女月经病或子宫的病变；见于舌左侧巽卦位为胆经气滞，常见有慢性胆囊炎、月经不调等疾病。

裂纹舌，有“人”字纹见于舌边尖部，舌红为心火燔灼，热毒入于血分，治当根据裂纹所在部位而定，见于巽坤震兑位置的为阴亏火旺，风热内伤血分，以巽为风、离为火、坤为元阴，是风火灼伤真阴之象。

舌苔花剥，见于中心为胃阴不足；见于四畔为脾阴受损；见于震巽为病在肝胆，如肝癌、胆管癌患者可见；见于舌尖离、坤之位为心血管疾病；见于坎位的为肾阴亏虚。

舌红晦暗，挟有青紫瘀斑及红点，苔腐见于离艮震巽位，或舌苔尚白，乾兑坤位青紫，为肺脾血瘀，湿热痰湿内阻，脾胃阳气不振，肝胆升降枢机不运，常见于肺心脑病、脑血栓形成等重症。

舌焦萎软不伸，艮巽兑位俱短缩者，为胃肾阴竭、痰火阻心之象，以巽为风、兑为泽、艮为山属土，脾胃损于后，真阴亏于前，风邪入络，是为中风之象。

5.目形八卦诊法如何诊病?

后汉大医学家华佗将目诊与八卦学说结合起来，形成了后世的“五轮八廓”学说。八廓配八卦，是通过眼睛变化了解全身气血变化，主要是了解六腑的病变。八廓分别是：乾主肺与大肠传导廓，坎主肾与膀胱津液廓，艮主命门上焦会阴廓，兑主肾络下焦关泉廓，震主肝胆清净廓，巽主肝络中焦养化廓，离主心与小肠胞阳廓，坤主脾胃水谷廓，两眼左右相对应。

乾居于西北，乾为天属金，络通大肠之府，主肺脏，肺与大肠相表里，上运清阳，下输糟粕，是为传送之官，取名为传导廓，又称传送廓。临床有的患者因胸廓受伤积瘀，在眼球白睛可见络脉充血，末端可见瘀点。

坎居正北方，属水，络通膀胱之府，主肾脏，肾与膀胱相表里，主水化源以输送津液，称之为津液廓。儿童肾气未充，膀胱气化失常，发育不良，有的可在白睛眼球表面出现灰白色小泡样颗粒。

艮居东北，艮为山属土，络通上焦之府，脏配命门。命门与上焦，同司气化，会合诸阴，分输百脉，取名为会阴廓。风热之邪入侵上焦、久郁不解的患者，可出现白睛有局限性暗红色结节样隆起。

震居东方，震为雷属木，络通胆府属肝脏，肝胆相为表里，皆主清净，不受浊秽，称为清净廓。湿热浊邪内侵，胆管阻塞及病毒性肝炎等症，可表现为白睛呈黄颜色。

巽居东南，巽为风，属木，络中焦

之府，脏配肝，肝为中焦输布精微气血，肝络通血以滋养中焦气分以化生，称之为养化廓。肝血瘀滞，中焦生化不足及风湿内侵之患者，特别是妇女，有的可见到白睛色青，或有黑色或淡紫色局限隆起；儿童中焦湿热，蛔虫内积可见到白睛有青紫色斑点。

离居正南，属火，络通小肠之府，脏属于心。心与小肠相为表里，为阳受盛之胞，称为胞阳廓。心与小肠郁火炎上，可见白睛出现网状血丝。

坤居西南，坤为地属土，络通胃府，脏属于脾，脾胃相表里，主受纳水谷以养生，称之为水谷廓。脾胃虚弱、纳食极差的患者，常可表现为白睛淡黄，或有浅黄色结节隆起。

兑居正西，兑为泽属金，络通下焦之府，脏配肾络，通下焦之府，肾与下焦同司开阖，为胃之关，关主阴精化生之源，称为关泉廓。肾关不固、精微下注的患者，可表现目眶黯黑，眼睑上下有色素沉着的斑点或白睛色黑。

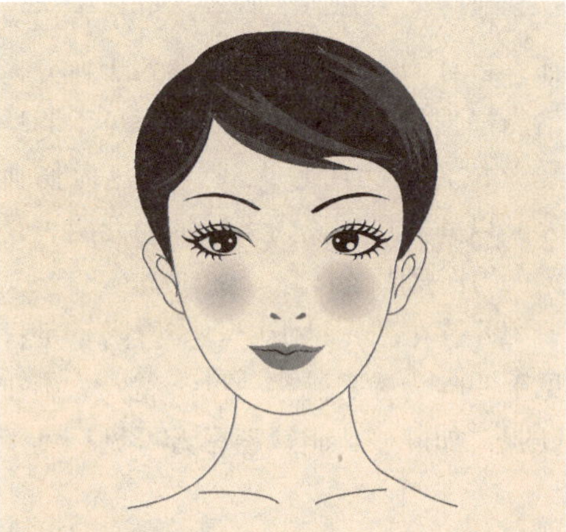
目之变化在诊断中非常重要

6.将手掌分成九宫八卦有何意义？

九宫八卦是我们的祖先创造发明的，它是由乾、坎、艮、兑、震、坤、离、巽再加上中宫组成的九个方位。九宫八卦包罗万象，大则无外，小则无内。特别是在人体上的应用更是奇妙无穷，我们可以在人体的各个部位利用九宫八卦进行诊断与治疗，效果非常显著。

中国古代医学和相学按《易经》八卦学说将手掌分成九宫八卦。手掌的不同分区代表了不同内脏系统的功能，反映了一个人的气质、性格特征，可以通过观察不同掌区的形态、气色的变化，或根据按压时有无疼痛等异常感觉，以及观察各部位的掌异常病理线纹、符号信息来诊断疾病。

7.手掌的九宫八卦区域有何临床意义？

巽宫——代表肝胆功能，食指下部的区域为巽宫。该区以丘高耸，色粉红，示肝胆功能良好。纹路散乱，皮粗，示肝胆有病变。出现方形纹，示肝胆解毒能力降低；出现三角纹，示其人接触过毒品，或多次肌注过毒品；出现不规则环形纹，示脂肪肝。

离宫——为心脏所主，中指下部的

区域为离宫。该区若纹乱、色暗，示心脏功能弱。过于低陷，青筋浮起者，示心力衰弱或心火旺盛。

坤宫——为小腹器官所主，该位指小指的下部区域。纹乱、有异常符号、皮粗、色暗，示泌尿、生殖功能有病变。若低陷、浮筋、肤色白、示生殖功能弱，女性易宫寒不孕。

兑宫——为呼吸系统所主，指坤宫的下部区域。该区以隆而高，色红润，示身体健康。纹乱、皮粗、色暗，示呼吸功能差。低陷、浮筋、肤色枯白，示呼吸系统有慢性炎症，易患肺气肿。

震宫——代表神经系统功能，震宫与兑宫相对平行。该区以发达红润，示体健勇敢；过于发达，示易怒好斗。毛状纹、星纹、干扰线多，示其人常精神紧张而导致神经官能症。纵纹多，示支气管炎，或喉癌倾向。若震位苍白，肉薄，示性功能差。有明显“田”字纹出现，示患有胃溃疡病。

乾宫——代表心理状况和呼吸系统功能，小鱼际根部为乾宫。该区以隆起色正，示心理健康。纹路散乱、皮粗，示抑郁，易患神经衰弱。低陷、筋浮骨显、肤色白，示呼吸系统功能衰弱。

坎宫——代表泌尿、生殖系统功能之强弱，手腕横纹上面之三角区域为坎宫。若坎位隆起，肉软光润，示泌尿、生殖系统功能良好。低陷，青筋浮起，示泌尿系功能较差，容易感染。有菱形符号、“十”字纹，示前列腺炎、阳痿早泄、尿道炎及子宫、肛门病变。若地丘位纹杂乱，示肾功能差，易患不孕症。

艮宫——为脾胃所主，大鱼际所占区域为艮宫。该区隆起，软而光润，示脾胃受纳运化功能良好。色暗、皮粗、纹路散乱，示脾胃功能差。静脉浮显，示便干。色暗呈片状，示脾胃不和。

明堂——反映心血管系统功能之强弱，除去各宫心的掌心区域为明堂。明堂宜凹，色正，示身体健康，情绪稳定。纹杂乱，示心情忧郁，失眠，身体虚弱。若肤色青暗，示近期要患病。若灼热，示虚火上升，易患掌心风病或慢性消耗性疾病。若冰凉，掌色枯白，示消化液分泌功能差。健康的人明堂冬暖夏凉。

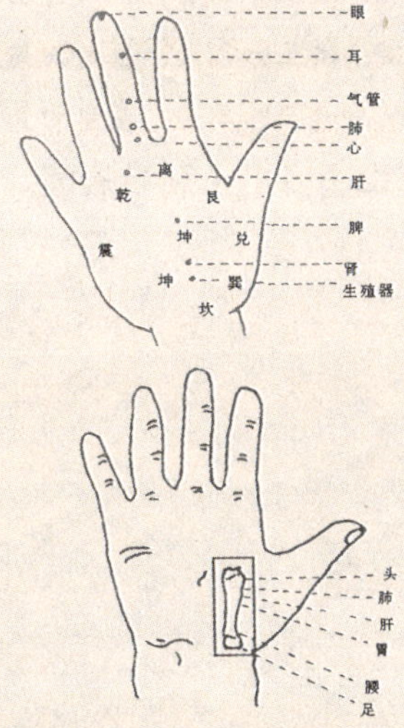

手掌九宫八卦图

8.什么是脉形八卦诊法?

八卦用于脉诊是《易经》天人合一整体观在脉诊中的具体运用。《图注脉诀》将脉象分属五行八卦，张景岳以易卦六爻提出“每卦的上三爻为外卦，下三爻为内卦，浮取为外，沉取为内，将脉诊与卦象结合起来”。

《图注脉诀·七表八里总论》：“七表者，浮、芤、滑、实、弦、紧、洪也；八里者，微、沉、缓、涩、迟、伏、濡、弱也。七表阳也，八里阴也。表脉多见于左，而客随主变。里脉多见于右，而主随客变……此脉法之大概。及其互相变见……脉理精微，非一言可尽，然其要不越乎阴阳五行而已。”

浮、涩、弱三脉属金，在卦为乾、兑。

弦、紧、伏三脉属木，在卦为震、巽。

滑、沉、濡三脉属水，在卦为坎。

芤、实、洪三脉属火，在卦为离。

微、缓、迟三脉属土，在卦为艮、坤。

八卦诊法多用于疑难病症，按常规治疗而不效的患者，应用卦体脉象的体用卦象、内外生克及体卦与互卦、用卦与互卦、体互卦与用互卦间的关系，结合患者的内应、外应等多方面条件关系分析，可收到良好的效果。

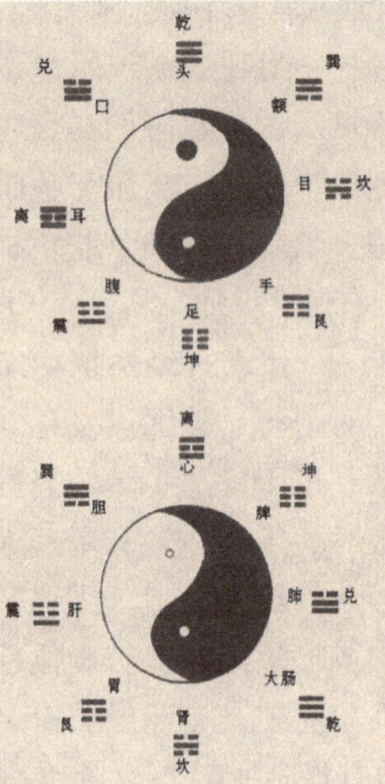

八卦与身体部位对应图

第四章

同气相求与五脏六腑保养

第一节 脑与乾卦

大脑属乾，而乾为《易经》首卦，可见大脑在《易经》养生中的地位是非常重要的。大脑中的中枢神经系统支配及主宰人体的生命活动，大脑中的下丘脑及垂体是人体的『衰老控制中心』，如果这些器官失调，就会引起生命活动紊乱而引起衰老。因此，要想延缓身体的衰老，就要先想办法延缓大脑的衰老。

1.什么是同气相求?

《易经·乾卦》开篇即指出："同声相应，同气相求。"唐代著名易学家孔颖达解释说："同气相求者，若天欲雨，而础柱润是也……言天地之间，共相感应，各从其气类。"用现在的话讲就是：天要下雨了，地面就会返潮，天地之间具有相同特性的事物是息息相通的，它们可以相互帮助，相互感应，并且在危难的时候向对方伸出援手。

简单地说，《易经》指导我们养生保健、防病祛病的核心可以用四个字来概括，即同气相求。

2.年轻人和老年人应如何用脑?

抵抗大脑衰老的最佳途径就是用脑，因为大脑是越用越灵，不用则不灵的。正因为这样，老年人在退休后得老年痴呆、脑梗塞的概率就比一般人高很多。因此，老年人千万不要因为不在岗位上工作了就让大脑"闲置"。

不过，虽然脑细胞贮备量很大，但人的脑细胞也在以惊人的速度消耗着。如果加速常用脑细胞的死亡，反而会促进大脑的衰老。因此，工作繁忙、需要大量用脑的年轻人，一定要学会劳逸结合，让大脑工作一段时间后能有一定的时间休养生息。《易经》云"生生之谓易"，万物之所以在不停地运动和变化着，原因就在于它们在遵循各自的规律，掌握着循环不息下去的"度"。

总之，工作压力大的年轻人要注意不要没完没了地用脑，在工作之余听听

老年人应多进行看书、下棋等用脑活动

音乐、做下冥想、散一下步或者外出和朋友相聚娱乐一下；而悠闲自在的老年人则要适度用脑，闲暇之余不要觉得无所事事、空洞茫然，多参加些诸如看书、下棋之类需要用脑的活动。

3.大脑在《易经》养生中的地位如何？

《易经》认为“头属乾卦，秉天之金气，与清空之气相通”，大脑属乾，而乾为《易经》首卦，可见大脑在《易经》养生中的地位是非常重要的。据科学研究，脑部发育与寿命成正比，哺乳动物中人脑最发达，因此人的寿命也最长。大脑中的中枢神经系统支配及主宰人体的生命活动，大脑中的下丘脑及垂体是人体的“衰老控制中心”，如果这些器官失调，就会引起生命活动紊乱而导致衰老。此外，脑血管硬化也会使管腔狭窄而导致脑供血量不足，导致大脑慢性缺血而加速衰老。因此，要想延缓身体的衰老，就要先想办法延缓大脑的衰老。

4.乾卦食物有哪些？

属于乾卦的健脑食物有以下这些：

（1）核桃是大脑的补品

《易经》中提出“象形食品”之说，认为食品的形状像什么，那么它就滋养什么。如核桃的形状像人的大脑，那么它就滋养大脑。因此，要补养大脑，核桃无疑是很好的食物。核桃主要富含脂肪，其所含有的脂肪成分主要是亚油酸甘油酯及亚麻酸、油酸甘油酯，进入人体后可变为脑细胞需要的物质。而核桃所含蛋白质、钙元素及胡萝卜素等，可促进大脑充分发育，增强智力及记忆能力。

（2）猪脑补脑效果好

猪脑性味甘、寒，有小毒，归肾经。它益虚劳、补骨髓、健脑、治头风、止眩晕，主治头晕、头痛、目眩、偏正头风、神经衰弱。猪脑含钙、磷、铁比猪肉多，适用于气血虚亏之头晕头痛、神经衰弱等虚弱之症。猪脑里富含脑磷脂，是脑力劳动者的首选食品之一。猪脑中的赖氨酸还能提高血脑屏障的穿透性，有助于营养物质进入脑部。

（3）大脑养生多吃鸡肉

鸡肉是大脑养生最好的食品之一，特别容易消化吸收。脑细胞在代谢过程中需要大量的蛋白质，鸡肉能够提供大量优质的蛋白质，能满足脑力劳动者的需求，提高脑细胞的活跃性。鸡肉中含有的多种维生素、蛋白质、钙、磷、锌、铁、镁等成分，也是脑细胞代谢所必需的。

（4）黑芝麻是大脑的“智慧之花”

现代医学分析，黑芝麻含丰富的卵磷脂，卵磷脂是构成脑神经组织和脑脊髓的主要成分，故黑芝麻有健脑益智作用，能促使细胞返老还童。对无病无痛的人来说，黑芝麻也是必吃的食品，因为它不仅可以避免中老年人记忆力衰退，还可以改善和增强记忆力，常食对身体有益。

5.按摩哪些穴位可以健脑？

按摩以下穴位可以健脑：

（1）头部的百会穴

百会穴位于督脉上。中医认为督脉和脑也有着密切关系。因此，养脑还要通督脉。督脉上通于脑，对全身阳脉经气都起调理作用，督脉正常则大脑的阳气充足，大脑的功能才正常。《黄帝内经》说："实则背强，虚则头重。"我们不妨经常按摩百会穴为大脑补给"阳气"，可在头顶正中取神庭穴（前额发际正中）、风府穴（后发际正中直上1寸）、脑户穴（风府穴直上1.5寸）、大椎穴（第7颈椎突下，即颈后最突起的骨头下）进行按摩。按摩的时候，力度不要太大，以穴位有胀痛感为度，每天3～5分钟。还可以半握拳叩击后脑，因为后脑里面有元脑神经中枢，叩击它的目的就是促进血液循环。

（2）手心的劳宫穴、足部的涌泉穴

根据传统医学的整体观念，人体是各个部位相互联系的整体。懂得利用手足按摩养生的人都知道，头与手脚是紧密相连的。手太阳经、足三阳经都经过头部，而手、足分别是这两条经脉经气的发源地，因此，手心的劳宫穴和足部的涌泉穴都对头部养生有重要作用。

6.左右脑交替使用有何好处？

人脑左半球主管语言和抽象思维，右半球主管音乐、艺术和形象思维，显意识在左半脑，潜意识在右半脑，二者可以相互沟通。大脑左右两半球的功能有双重性，左脑的特长在于抽象思维、计算，右脑则偏于形象感受及艺术，但右脑同样也具有左脑的思维功能，这就是为什么在"潜意识"状态，如梦中及进行其他活动时能够产生思维，这就是因为右脑在工作。左右脑交替使用有利于开发脑细胞，防止脑衰。

7.有意识地做体力活可以养脑吗？

我们知道"增氧运动可以清理心肺中的杂质"，但我们并不知道大脑其实也需要那种类似于促进心脏血管系统循环且充满活力的运动。

现在，许多医学学者已经认识到了体力活动可以保护大脑的记忆中枢。因此，当工作累了、头脑不清楚时，不妨洗洗衣、做做饭、擦擦地板，这样能让我们越来越耳聪目明、头脑清醒。

第二节 心与震卦

在五脏中，心对应的是震卦。心脏虽然只有拳头大小，却是五脏中最重要的一个器官，它具有主宰一身上下、统管五脏六腑的特殊职能。既然心属于震卦，按照同气相求的原则，心脏不好的人就应该通过各种途径多获得震卦之气，这样对心脏有很好的补养作用。

1.心在《易经》养生中的地位如何？

在五脏中，心对应的是震卦。心是五脏中最重要的一个器官，它具有主宰一身上下、统管五脏六腑的特殊职能。

心的所有生理功能是在心的气、血、阴、阳的共同作用下完成的。“心主血脉”，“主”就是主持和管理，血自然就是血液，而脉是人体血液运行的通道，所以古人又称脉为“血之府”。心气推动血液在脉中运行，流注全身，发挥营养和滋润作用。心和脉直接相连，互相沟通，血液在心和脉中不停地流动，周而复始，循环往复。心、血、脉三者相互联属贯通，构成一个相对密闭的系统，而三者中“心”占据着主导的地位，“心”的搏动是血液运行的根本动力。足可见心在人体养生中的重要性。

2.心与气血有怎样的关系？

心脏能得以正常搏动，主要依赖于心气，血液在心气的推动下才能在脉内正常运行，滋养全身。而血液的充盈与否、脉道是否通利，在心、血、脉的系统中同样起着重要的作用。如果三条件具备，则心主血脉的功能就是正常的。

心气心血不足，会造成面色苍白无华；脸色呈青紫色，舌头是暗紫色，主要是由于心阳虚损，或寒滞血脉，血瘀于心流通不畅所致。心脏功能失去平衡的具体症状有心悸、胸痛、失眠、精神不安定、容易忘东忘西等。心气能让小肠的消化和吸收得以顺畅进行，如果心出问题，就会影响到小肠的消化和吸收问题，也会引起其排泄问题。当热邪入侵心脏，会产生尿频、排尿感到灼痛等症状。相反，如果出现舌头变红发肿的症状，或者是心烦失眠等，可能是小肠瘀积了过多的热而影响到心的缘故。

3.准妈妈怎样做有利于胎儿的心脏发育？

如果你将要做妈妈，那么你的宝宝的心脏将来生长得怎么样，就由你怀孕的第21～49天决定了。

处于这段时间的准妈妈，一定要避免服用影响胎儿心脏发育的药物，同时要多吃促进胎儿心脏发育的食物，要补充蛋白质高的食物，如各种肉类煲的汤和维生素高的果蔬类。因为中医说心在五行为“火”，在五色为“赤”，在五声为“笑”，在五时为“午”，在六腑为“小肠”，所以这时的准妈妈要保暖，别着凉，宁愿上火，不要寒凉。要多吃红色的食物，如番茄、樱桃、红苹果、西瓜、红豆。要笑口常开。中午一定要睡午觉，这个时期睡午觉，可以清心宁神，可以利用午睡的时候给胎儿供应足够的血液，以利于胎儿的心脏发育。同时特别注意要保持大、小便的通畅，因为心对应的六腑是小肠，而中医认为小肠的功能是通利小便，怀孕早期，由于子宫刚好压迫到膀胱，导致怀孕早期出现尿频、尿急，所以避免尿道感染也是非常重要的，可以通过多喝水以利小便。

4.养心食物有哪些？

大量的事实证明日常的饮食对人体的健康有着不可估量的影响。要养心就要多吃以下养心的食物。

（1）大麦有益心脏健康

有人说：“吃100克大麦麸，相当于注射一支胰岛素。”大麦能降低人体总胆固醇水平和低密度脂蛋白胆固醇水平。食用大麦不但可以降低血压，减少患心脏病的风险，还能逆转脂肪肝，糖尿病、肥胖症和心血管病患者更应该多多食用。

（2）吃橘子预防冠心病

橘子中富含的果胶可以降低胆固醇，而胆固醇的高低水平也直接影响到人体心脏的健康状况。除此之外，橘皮还可以加强毛细血管的韧度、降血压、扩张心脏的冠状动脉。因此可以说，橘子是预防冠心病和动脉硬化的食品，多食有益。

（3）多吃鱼可减少患心脏病的危险

鱼肉中的n－3脂肪酸可以有效地减少心律失常现象的发生，从而降低由于心律失常造成猝死的危险。此外，n–3脂肪酸还可以防止血栓的形成，有降血压、加强血管壁的功能。因此，建议心脏病患者在日常饮食中多摄取鱼类，最好每周吃鱼2次。

（4）吃苹果可降低心脏病发病率

每天吃苹果可以减少患心脏疾病的危险。苹果中含有与红葡萄酒中相同的防老化的物质，这些物质可以阻止动脉血液中血小板的形成。据悉，每天摄取苹果当中10克的纤维可以让心脏病发病的概率降低14%，而且可以让冠心病的死亡率降低27%，这意味着一天至少要吃3个苹果。

（5）豆腐是健康食品的最高杰作

豆腐是植物性的食品，含有丰富的不饱和脂肪酸。除此之外，豆腐还含有可减少恶性胆固醇的维生素E。在预防心脏病方面，应以豆腐为主的饮食来代替以肉食为主的饮食。

5.养心多喝绿茶好吗？

绿茶中有高含量的黄酮类化合物，它有抗氧化的作用，而氧化作用一直被怀疑能够增加心脏病、中风和其他一些疾病的发病危险。茶叶所含有的叶绿素更可吸收肠内的胆固醇并将其排出体外。在维生素方面，茶叶含有维生素A、维生素B_1、维生素B_2、烟碱酸、维生素C、维生素P等多种维生素。我们知道，维生素C可降低血液中的胆固醇值，而维生素P有强化微血管的作用，若是二者一起混合，其功能就更强了，可以预防动脉硬化及心绞痛。所以多喝绿茶有利于养心。

6.穴位疗法在使用上有什么注意事项？

穴位疗法并不是万能的。对心脏有重大不良影响的高血压及动脉硬化等各种病症以及一时的脑部充血头晕、肩膀酸痛、目眩及不眠症等症状，大部分都是由神经方面的原因所引起的。患有这些神经性的疾病，到医院接受检查时身体却毫无异常，但是身体还是觉得不舒服，这种时候就可运用“穴位疗法”来治疗身体上的不适。

当然，穴位疗法也有它的禁忌，如发高烧、出现重大病症、穴位周围有发炎化脓情况时绝对禁止使用穴位疗法，在利用穴位疗法之前应先努力排除这些禁忌。另外，怀孕时接受治疗也需事先和医生商谈，之后再做决定。

7.预防循环器官疾病的穴位有哪些？

高血压和动脉硬化等疾病是循环器官的代表性病症。要通过穴位疗法预防这些疾病，就要认识几个重要的穴位，以下介绍的穴位对于预防低血压、心脏神经症以及贫血也是非常有效的。

巨阙：正好在心窝的部位，离上端的骨约有3厘米。对于悸动、呼吸困难、胸痛、不眠症等症状有效。

膻中：在左右乳头成一直线的中央部位。可抑制悸动、神经性的胸痛。

膏肓：第四胸椎下面算起左右各5～6厘米的地方。对血液循环不良引起的手脚、腰部冰冷特别有效。

神门：手部内侧的小指头部位。尺骨和豆骨之间的动脉部分。可抑制悸动及心脏神经症引起的疼痛。

足三里：将手的大拇指和第二手指（食指）放在同侧的膝盖骨上，第二手指（食指）所按到的部位即是足三里。按摩这个穴位对于降低血压特别有效。

中脘：心窝和肚脐的中间，大约在肚脐上方7厘米的地方。对于预防动脉硬化有效。

百会：头顶部分，左右耳朵所连接的直线中央。平常若致力于梳头，有助于按摩百会穴位，对于预防高血压十分有效。

8.怎样消除心脏的大敌——压力?

现代社会，涌现出了一大批“工作狂”。这群人加班至深夜也无所谓，回到家中脑袋里想的还是工作，一头睡下，想起工作又马上醒来。这样身体不断地接受压力、累积压力，而毫无消除的机会。殊不知，压力是心脏的大敌，它是导致动脉硬化、心绞痛及心肌梗死的原因。另外，对有心脏病的人而言，这是发病的导火线。

再怎么忙的人，一天之中都需要有喘息、休息的时间，不管是5分钟也好，10分钟也好，都是十分必要的。利用这段短暂的时间，即使是简易运动也可以促进血液循环、消除疲劳，给身体带来新的活力，放松原本紧绷的神经。除了简易运动，其他如搬动书籍、在椅背上伸伸懒腰、打打哈欠、在室内来回散步等，都可以帮助减轻压力，降低疾病的发生概率。

“工作狂”们压力都很大，对心脏健康不利

第三节 肝与巽卦

按《易经》的推理，肝脏属于巽卦，在五行里属木，在阴阳中为阴中之少阳，外与春气、青色、酸味相应。肝脏是我们身上的『解毒』脏器，也是五脏中非常重要的一个脏器。常听人们把自己疼爱的小宝宝叫做『心肝宝贝』，就足以看出人们对于肝脏的重视了。

1.肝在《易经》养生中的地位如何？

肝是人体贮藏血液和调节血量的重要脏器组织。肝的生理功能主要是调节气的流动和储存血液，如果肝功能正常，气和血的流动则能正常运行。肝一边控制着血的流动，一边调整着全身的血量。如果肝功能正常，气血的调节也较正常，那么人的心情会较舒畅。如果肝储藏血液和调节血量的功能降低，会使身体各个部分发生营养不足的状况。如果是在筋肉发生，将造成机体抵抗力下降、运动能力减弱，还会有手脚发麻和痉挛等症状，指甲也会变薄、容易脆断。

肝还有辅助消化吸收的功能。肝除了辅助脾与胃进行消化吸收之外，还可以促进胆汁分泌，并控制胆的运作。肝功能失调会影响到胆和消化器官的消化功能，会导致胆与消化器官的失调，从而产生消化不良、腹痛、呕吐、下痢等症状，还会出现口发苦、耳鸣等。

肝与情绪的变化有很密切的关系，肝气不足，人容易郁郁寡欢；如果是肝气过甚，则容易烦躁、易怒等。

2.肝的疏泄功能异常会怎样？

肝主疏泄，调畅气机，是脾升胃降正常发挥的前提。因此，若肝的疏泄功能异常，则气机失调，一可横逆犯脾，影响脾的升清功能；二可横逆犯胃，影响胃的降浊功能。肝的疏泄功能异常可分为以下两种情况：

（1）疏泄不及（气机郁滞）

会出现胸胁、小腹、两乳等局部的腹痛，这就是肝气郁结的表现。如若影响血液的运行，则可形成血瘀；若影响津液的输布排泄，则可聚而为痰，形成“梅核气”或者停而为水，形成膨胀。

（2）疏泄太过（肝气上逆）

会出现头目胀痛、面红耳赤。若气升太过，则血随气逆，还可导致血从上溢而出现吐血、呕血，甚至可以引起气厥而使人突然昏倒，不省人事。

3.养肝最重要的方法是什么？

养肝最重要的方法就是睡觉。中医上也早就出现了关于肝与睡眠关系的学说。

明朝的名医杨济洲在《针灸大成》中提出：眼就是肝的穴位，人睡眠的时候，血就归于肝中，眼在睡时获得肝血的补充，才能够视物清晰。所以睡觉不可以睡得太久，也不可以睡不足，胆气虚寒时人就不眠，精神困乏、神虑不宁、肝实热的时候人就睡不醒，这样都会导致思维反应能力下降。只有通过调理肝胆，才能得到好的睡眠，杨济洲提出要想有好的睡眠，就要“勿嗔怒”，即心平气静；“勿昼寝”即白天不睡；“睡其形而不睡其神”即睡觉是为了形体休息，而不能昏睡，这样会伤神。他特别强调春三月要早睡早起，在庭院中缓慢地散步，散开头发，放松身体，这是利用春季养肝的养生之道，不可不知。

另外，在睡眠中，凌晨两点是一个重要的时间，因为在这时，除了肝脏外，体内的大部分器官工作节律极慢。而肝脏正是利用这段较为安静的时间加紧把代谢后的有毒、有害物质排出体外，这仿佛清洁工正在对身体进行全面的清洁、大扫除一样。所以不论几点钟失眠，都请不要在半夜两点钟失眠，我们需要按时休息给肝脏提供平静休整的时间。

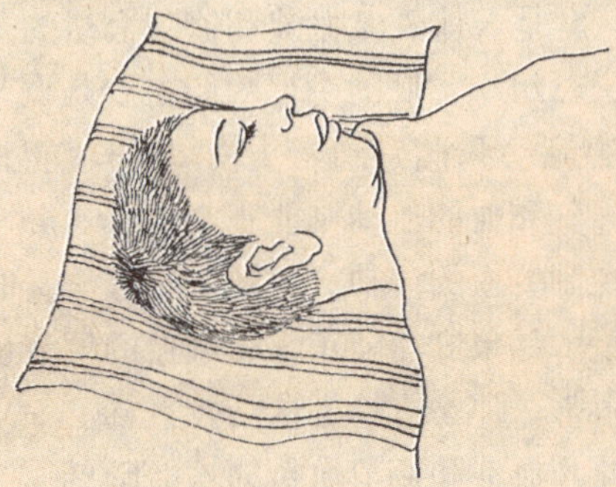

养肝最重要的方法就是睡觉

4.每天睡多长时间最合适？

为了体力与脑力的恢复，我们必须保证充足的睡眠时间。每天究竟需要多少小时的睡眠时间？正常人的睡眠时间应随年龄不同加以区别，新生儿一天至少要睡20小时，婴儿需要14～15小时，学前儿童需要12小时，小学生需要10小时，中学生需要9小时，大学生与成人一样需要8小时，老年人因新陈代谢减慢，只需要6～7小时。

如果睡眠时间过长，可导致神疲、体倦、代谢率降低，心脏的跳动也会减慢，肌肉组织松弛下来，久而久之，人就会变得懒惰、软弱无力起来，甚至智力也会随之下降。睡眠缺乏则会使人不能集中注意力，出现学习困难、对事物细节的关注度下降、发生车祸的危险性上升等。更多的研究显示，长期的睡眠缺乏与多种疾病，如肥胖、糖尿病、高血压等都有关系。

5.生气会导致肝生病吗?

《易经》在很多地方都提到要快乐，戒怒。如第41卦损卦中，就提到“君子以惩忿窒欲”。第58卦兑卦则大大地颂扬快乐的情绪对人际关系的促进作用。肝脏健康与否与人的情绪有着密切的关系。心情舒畅有利于肝脏的健康，而心情郁结则会导致肝脏的病变。因此，在日常生活中，一定要学会克制自己，少生气，多快乐。

怒气为病，古人、今人观点一致。金代名医张从正所著《儒门事亲》中说：“怒气所至，为呕血，为飧泄，为煎厥，为薄厥，为阳厥，为胸满肋痛，食则气逆而不下，为喘渴，烦心，为消瘅，为肥气，为目暴盲，耳暴闭，筋解，发于外为疽痛。”意思是说怒可以导致多种疾病，它们是吐血、腹泻、高血压、中风、抽搐、胸肋痛、食入就吐出、喘、渴、心悸、糖尿病、肥胖症、突然失明、突然耳聋、四肢无力，怒发于外还可以导致痈疮疖肿。怒可以引起这么多病，就是因为怒伤肝的缘故。

6.养肝食品有哪些?

养肝就要多吃些养肝食品，下列食物有养肝的功效：

（1）强肝健胰的荔枝

据《本草纲目》记载，荔枝有强肝健胰的功效，对增强精力、促进血液循环有很好的效果。不过要注意的是，荔枝很容易上火，吃得太多会流鼻血或引起牙痛，因此要适量食用。

（2）解毒的猪血汤

肝脏是人体的消毒器，因此多吃一些解毒的食物有利于减轻肝脏的负担。据《本草纲目》记载，猪血有解毒的作用，可用于中风、头眩、中满腹胀、毒疮等，有利于促进肝脏的解毒功能。

（3）护肝、防醉酒的乌梅

喝醉酒对肝的伤害是非常大的。人如果喝酒喝多了，肝脏一时无法进行处理、分解酒精，醉酒就发生了，所以为防醉酒应首先护肝、保肝，加强肝脏的解毒作用，平日里最好少喝或者不喝酒。另外，可以喝些乌梅汤，常喝乌梅汤不但可健脾养胃，而且有护肝、防醉酒的作用。

（4）护肝“良药”——西瓜

现代医学研究证明，西瓜汁及皮中所含的无机盐类有利尿作用，所含的配糖体具有降压作用，所含的蛋白酶可把不溶性蛋白质转化为可溶性蛋白质，因此对肝炎病人非常适宜，是护肝的“良药”。

7.怎样呼吸有利于肝脏?

呼吸的时候把新鲜的氧气吸入体内，把有害的二氧化碳完全呼出去，呼吸是否正确，大大地左右了健康状况。我们可以经常在环境幽静、空气清新的地方有意识地做一下深呼吸。呼吸时横膈膜会上下起伏，吐气的时候下降，吸气的时候上升。深深地吐气时，腹腔内的胃肠、肝脏、肾脏、膀胱等都会感受到压力，从而把各脏器的静脉血液挤出送到心脏，使心肺机能活跃起来。完全吐出气体之后再吸气，这次换成把动脉血液输送到各脏器，为它们供给营养和氧气。除此之外，这种呼吸法还可以为肝脏供给充足的血液。

深呼吸有利于肝脏

8.最适合肝病患者的运动是什么？

1992年世界卫生组织提出，最好的运动是步行。对于心、肝、肾等脏器有问题的人，跑步会加重血氧供应不足，而散步每跨一步脚底所受的冲击是体重的1～2倍，仅为跑步的1/3，最宜于肝病患者的保健和康复。

肝脏的健康与人的情绪有很大的关联，出去散步，不但有利于增强肝脏的机能，加快病脏的恢复速度，更重要的是，它能让郁结的心情在散步的过程中一起“散”走。

通过闲散和缓的散步，四肢自然而协调地活动，可使全身关节、筋骨得到适度的运动，再加上轻松畅快的情绪，能使人气血流通，经络畅达，利关节而养筋骨，畅神志而益五脏，持之以恒则能使身体强健、延年益寿。

9.不同的肝病患者有怎样的散步方法？

一般而言，散步的原则是：走多走少，因人而异；步调快慢，辨病制宜。具体的方法有如下几点：

凡需要卧床休息的肝病患者，每天有大部分时间在输液，虽自觉周身无力、懒于起床，但在房间内或走廊里走一走，哪怕几分钟，对身体也是很有益的。

病情反复者，适时散步。凡病情时轻时重的患者，在病情稍有好转、医生允许活动时，应抓紧时间散步，并随时根据病情自己调整散步的时间和速度。

阴虚内热者，赤脚散步。不少慢性肝病患者有口干舌燥、心烦易怒、手脚心发热不舒服等症状，这是久病耗伤、阴虚内热所致，应采用赤脚散步的方法辅助治疗，在铺有卵石的路面上赤脚散步效果更好，因为通过脚底按摩，可以起到保肝益阴、舒筋活血的作用。

腰膝酸软患者，倒行散步。倒行即反其道而行之，一般散步是前进，而倒行散步则是一步步地往后退。据观察，倒行的优点就是能较好地让腰椎骨骼、腓肠肌、背阔肌等得到必要的锻炼，能有效地缓解因慢性肝病引起的腰膝酸软。

失眠多梦者，睡前散步。肝病不论在早期还是在晚期，都会产生睡眠障碍，尤其是在早期阶段，因苦恼、焦虑、恐惧等最容易引起失眠、多梦等症，又因为大多数安眠药都要经过肝脏解毒，所以患者想用安眠药又不敢用。躺在床上睡不着，越害怕越紧张，就越无法放松，这往往导致失眠更严重，因为放松是睡眠的重要前提。而让肝病患者的精神、心理和身体放松最好的方法莫过于散步，尤其是睡前在绿树丛中散步，能轻松入睡。

肝病患者可通过散步来养生

10.气功对肝病患者有什么好处？

太极生两仪，两仪生四象。气功深得《易经》阴阳相调的精髓，对人的养生有着莫大的作用。

气功可以提高人体的免疫力，增强体质，使机体内部调节功能加强，用自身的力量杀灭病毒，对机体、肝脏起保护作用。同时，气功可以增强机体各个系统的功能，对消除肝病患者的临床症状有积极的意义。

许多气功功法都有搅舌吞津的程序，实验证明，搅舌吞津对消化系统功能和全身免疫功能都有一定的促进作用。另外，气功要求腹式呼吸，这可以使膈肌的运动幅度加大，不仅可以减轻心脏负荷，促进血液循环，也可对腹部脏器起到一定的按摩作用，促进肠蠕动，从而改善肝病病人的消化道症状。

此外，研究证明，进行气功锻炼后，肝细胞的分泌作用增强。所以，肝病病人练气功是非常有益的，它不仅可以改善病人的临床症状，而且随着机体免疫力的增强，对肝细胞的修复再生以及肝炎病毒的杀灭都有积极的意义。肝炎病人，尤其是慢性肝炎病人可以根据自己的实际情况，选择合适的气功功法防病祛病。

第四节 胃与艮卦

胃对应八卦中的艮卦，与脾相表里。脾胃是消化食物之器官，脾和胃在五行中都属土，脾为阴土，胃为阳土；脾主运化，胃主受纳；脾气主升，胃气主降。由于它们的作用，人体才能得以益气生血，使身体健康长寿。

1.胃在《易经》养生中有怎样的地位？

胃对应八卦中的艮卦，胃的主要生理功能是受纳与腐熟水谷，以降为和，与脾相表里。

受纳：食物经过胃的初步消化，形成食糜的，这就是胃的受纳。饮食入口，经过食管，容纳于胃，因此胃也称“太仓”，寓意“水谷之海”。人体的生理活动和气血津液的化生，都需要依靠饮食的营养，胃被称为“水谷气血之海”。

以降为和：饮食经过胃的受纳腐熟后，必须下行而入小肠，以便进一步消化吸收。所以说，胃主通降，以降为和。在藏象学中，胃的通降作用还包括了小肠将食物残渣下输于大肠以及大肠传化糟粕的功能在内。

2.胃与心有怎样的关系？

胃可以说是心的一面镜子，这是因为胃是很容易受感情影响的器官。在我们的体内，除了大脑外，胃是最“情绪化”的器官。任何人都有意志消沉的时候，茶不思、饭不想，不论他人如何劝食都无法下咽的经验。一个人的胃在X光照射下，只要从旁给予一点情绪性的刺激，就开始呈现扭曲状态，最后使其情绪陷入低潮。由此证实，当情绪不稳定时，胃也受到同等的影响。情绪不稳定所造成的压力被视为导致胃溃疡的最大危险因素。

可见胃与心的关系有多么紧密。因此，要想使胃健康，就必须要有一个良好的心态，要保持乐观、开朗，只有心理健康了，胃才有可能健康。

3.怎样从心理上养胃？

（1）舒缓压力

保持健康的心态，尽量避免情绪持续波动。如果出现了心理问题，不要孤立自己，其实有很多可以求助的对象，比如向好友倾诉，即便他（她）不能帮你解决问题，倾诉的本身也会舒缓你的异常情绪；也可去专业的心理咨询机构咨询，从业人员具备专业的心理知识，能有针对性地选择不同的心理治疗方法，帮助您摆脱困扰；还可上互联网，通过网络可以表达、宣泄自己的情感，而且还能很好地保护自己的隐私。

（2）学会自我开导

要客观认识在现代社会压力大、工作强度高是普遍现象，当你处于不利环境时，要善于排遣不良情绪，可通过听音乐、读书、进行体育锻炼等调整心态，必要时可暂停工作或调换一个相对轻松的工作，以便修养身心。此外，要正确评估自己的能力，过高地估计自己可能造成不必要的挫败感。

（3）及时就诊

心理因素会导致或加重胃肠道疾病的发生和发展，反过来，胃肠道疾病同样也会影响患者的心理状态。因此，当患者出现消化道疾病症状时应及时就诊，尽快明确病因，进行有效的治疗，以免疾病进一步恶化。

养胃要学会舒压

4.春季如何养胃？

中医认为，春季属“木”，相对应于人体则属“肝”。春季的“木”应欣欣向荣，如肝气不舒，郁而不达，气机不畅，不通则“痛”，可发生胃痛诸症。春天是胃病，包括胃及十二指肠溃疡、肝硬化等疾病伴消化道出血的高发季节。有胃病的人在这个季节一定要格外注意以下几点，预防胃病的发作。

第一，保持心情愉快、乐观，避免抑郁、焦虑、生气等情绪及心理状态。《黄帝内经》里“怒则肝气乘矣，悲则肺气乘矣，恐则脾气乘矣，忧则心气乘矣”，“怒则气逆，甚则呕血及飧泄”等，讲的就是因情志失调而发病。

第二，戒烟酒，忌食生冷肥甘及粗糙、过硬、酸、辛辣等刺激性食物，避免暴饮暴食、饥饱失调、饮食不规律等不良习惯。

第三，慎用对胃有刺激的药物，如激素、阿司匹林、保泰松及一些抗凝药等。过于苦寒的药物如龙胆草、苦参、黄连等，也要慎用。

第四，劳逸结合，适当锻炼身体，增强体质。

第五，经常用薏苡仁、山药、大枣、茯苓、芡实等煮粥饮，可以健脾补胃、强身健体。

5.夏季如何养胃?

到了夏季，人体的免疫机能就处于一种比较衰弱的状态，这与气温升高、食欲下降、营养物质摄取不足等有关。而夏季高温高湿，食物容易腐烂、变质，是细菌、真菌等微生物大量繁殖的黄金季节，饮食起居稍有不慎，便会引发消化道、呼吸道的感染，所以养胃要注意以下事项：

第一，避免过度劳累，保持充足的睡眠。劳累会破坏机体免疫平衡，加重胃的负担，容易引发胃炎。

第二，不宜在空调环境中久待，空调房中吹的不是自然风，空气污浊，易使胃受凉，引发胃炎。

第三，胃病患者的饮食应以清淡、营养丰富的食物为主，多吃新鲜易消化的食物，少吃油腻、油炸、辛辣食物，除蔬菜、水果外，还可多吃山楂、食醋等酸的东西。

第四，切忌饮酒，因为酒是胃病复发最主要原因之一。

第五，防止病从口入，生吃蔬菜、鱼或海鲜都会让胃承受不住，因此夏季要少吃生食。

第六，要注意个人卫生，饭前便后要洗手，不喝生水。

夏季饮食宜清淡，多吃新鲜蔬果

6.秋季如何养胃?

秋季凉爽干燥，胃病易复发。胃肠道对寒冷的刺激非常敏感，如果防护不当，就会引发胃肠道疾病或使原有的胃病加重。秋季养胃应该做到以下几点：

第一，保暖。秋凉之后，要特别注意胃部保暖，及时添加衣服，夜晚睡觉应盖好被子，以防腹部着凉而引发胃痛或加重旧患。

第二，注意饮食。进食时应做到以温、软、淡、素、鲜食物为宜，做到定时定量、少食多餐，使胃中经常有食物和胃酸进行中和，从而防止胃酸侵蚀黏膜和溃疡面而加重病情；不吃过冷、过烫、过硬、过辣、过黏的食物；细嚼慢咽可以减少粗糙食物对胃黏膜的刺激；注意饮食卫生，杜绝一切外界微生物对胃黏膜的侵害；尽量吃较精细、易消化、富有营养的食物。

第三，静养。人的情绪、心态与胃炎、消化性溃疡的发生与发展密切相关，因此预防胃病要讲究心理卫生，秋天容易让人产生悲伤的感觉，应该避免这种情绪，保持精神愉快和情绪稳定。

第四，加强体育锻炼有利于改善胃肠道血液循环，增强体质，提高机体对气候变化的适应能力，减少发病的机会。

7.冬季如何养胃？

冬季天气寒冷，胃病患者要特别注意以下几点，因为严寒的天气容易诱发胃炎。

第一，要保暖。要注意做好保暖工作，晚上睡觉要盖厚重的被子，防止腹部受凉。出门时，要做好御寒的措施，多加衣服，戴上手套和帽子。骑摩托车及自行车的胃病患者忌衣着单薄，最好用一个护兜保护腹部。

第二，注意饮食。冬季天气很冷，很多人都喜欢摄取热量高的食物来提升身体的温度，但大量的高热量食物会增加肠胃的负担，而且冬季胃部的消化功能会减低。冬季气温骤然变冷，人体受到冷空气刺激后，胃酸分泌会大量增加，机体抵抗力亦会随之降低，乱饮乱食最容易引发胃病，嗜辣者和好吃冷饮者应该特别注意。

第三，讲究心理卫生。要经常保持精神愉快、乐观、心理健康，避免焦虑、恐惧、紧张、忧伤等不良情绪对胃的刺激。

8.笑为什么有益健康？

《易经》中有一个兑卦，大肆宣扬快乐对人的良性作用。经常笑的人不但人缘好，而且不易生病。疾病源自情绪的说法表示疾病与烦恼和疲劳有关，当出现肩膀僵硬、倦怠时，积压的压力就会借着神经传达给脑，疲倦症状则会反映在身体上。因此，为了消除压力，最高境界的法则就是笑。

这是因为大脑接收压力后会由下视丘传达给脊髓，经过自律神经影响内脏。此时，年轻人会产生副交感神经紧张、胃液分泌增加，而使胃酸过多，且易发生脉搏跳动减弱、血管扩张、血压降低、发汗、腹泻等症状，这就是导致胃炎、胃溃疡、十二指肠溃疡的主要原因；中老年人则会因交感神经紧张而导致高血压、便秘，因压力使大脑旧皮质无法控制，很易引起发怒、悲伤、恐惧等心神不定的现象。遇到这种情况，做一段简单易行的体操或开怀大笑就能转危为安，因为笑既能强烈地刺激大脑，又可将压力、身心的疲劳一股脑地抛于脑后。

9.养胃的肉类有哪些?

养胃的肉类有以下几种:

(1)大补元气、治脾虚的田鸡

田鸡不仅肉质细嫩鲜美，而且富含蛋白质、钙、糖类，还含少量脂肪及大量水分，与人们日常食用的肉类相比，无论是从味道，还是从营养价值来说都属上乘。民间认为田鸡是大补元气、治脾虚的营养食品，对肠胃患者有很好的疗效，也适合于改善精力不足、低蛋白血症和各种阴虚症状。

(2)温中补气的鲢鱼

鲢鱼味甘、性温，入脾、胃经。鲢鱼含有丰富的营养物质，包括多种氨基酸及维生素B_1、维生素B_2、维生素A等。鲢鱼能温中益气、润泽皮肤，对脾胃虚寒、体虚头昏、食少乏力等有一定疗效。

(3)脾胃虚弱者的甘泉——猪肚

猪肚味甘、性微温，入脾、胃经。猪肚含有蛋白质、脂肪、无机盐类等营养成分，具有补虚损、健脾胃的功效。适宜虚劳瘦弱、脾胃虚弱、食欲不振、泄泻下痢者食用。

10.养胃的素食有哪些?

以下一些人们常吃的蔬菜可以养胃，胃不好的人可以多吃。

(1)萝卜是当之无愧的“胃”士

萝卜性凉，味辛、甘，无毒，入肺、胃经。具有健胃、消食、化痰、止咳、顺气、利尿、清热、生津、解酒、抗癌等功效。适用于消化不良、食积胀满、咳嗽痰多、胸闷心急、反胃呕吐、便秘、咽干口渴等病症。食积腹胀、消化不良、胃纳欠佳者，可以生捣汁进行饮用。

(2)促进肠胃蠕动的芹菜

芹菜富含碳水化合物和蛋白质，具有健胃、利尿、净血调经、降血压、镇静等作用。芹菜还含有脂肪、维生素及矿物质，其中磷和钙的含量较高，常吃对高血压、血管硬化、神经衰弱、小儿软骨病等有辅助治疗作用。同时芹菜还含有挥发性的芹菜油，具香味，能促进人的食欲。

(3)健脾强胃的南瓜

南瓜浑身都是宝，其养生价值非同小可。南瓜所含果胶可以保护胃肠道黏膜免受粗糙食品刺激，促进溃疡面愈合，适宜于胃病患者食用。南瓜所含成分还能促进胆汁分泌，加强胃肠蠕动，帮助食物消化。

11.可预防与治疗胃病的穴位有哪些？

中医将与消化器官有关的疾病总称为脾胃病，并以食物由胃进行消化，脾脏帮助吸收，血液将营养分布到全身的原理来解释。因此，能有效治疗肠胃疾病的穴位即是能有效治疗脾脏疾病的穴位。脾腧与胃腧分别位于脊椎左右1.5厘米、第12胸椎凸起处的下方。

当肠胃状况不佳时，脊椎会产生僵硬现象，只要利用针灸、电器疗法治疗腹部的章门及背中央的肝腧、胆腧、脾腧等胃的六个灸点，即可获得疗效。

如果腹部发生胀气、打嗝、恶心、消化不良等情况，可以针灸或按摩心窝到肚脐正中央的中脘穴，即可达到治疗效果。

中医认为，胃的穴位是中脘，也就是西医所说的能调节胃、肝脏、胆囊、胰脏、肠等机能的自律神经系统，它位于腹腔中。如果自律神经系统机能升高，就会导致肝脏、胃、肠等机能迟钝，因此可以采用适度刺激中脘穴的方法来达到控制自律神经机能的目的。

除此穴位外，还有可延年益寿的足三里穴、位于内踝骨上方3厘米处的三阴交穴，均具有强化肝肾及脾脏机能的功能，并可预防胰脏炎与胰脏癌。

总而言之，肠胃功能薄弱或调节能力不佳的人，只需以指压刺激位于背部的肝腧、脾腧、胃腧，腹部的中脘和章门，及足三里、三阴交等穴位，就可以预防和治疗胃病。

12.如何利用穴位治疗胃下垂引起的食欲不振？

正常人的胃十分端正地横亘于心窝中，而患有胃下垂的人的胃则呈细长下垂的状态。患有胃下垂的人，吃饭时就食欲不振，饭后又有腹胀感、心窝郁闷、容易疲劳等现象。压揉手掌的穴位可以提高胃的消化、吸收功能。以指压法按压拇指根的拇指丘和小指根的小指丘可以改善食物消化与吸收的状况。

有胃下垂的人因胃消化食物的力量减弱，在按压拇指丘和小指丘时，必定会出现压痛感或感觉有硬块，这种现象大都是两者出现其一，不可能有右手拇指丘和左手小指丘同时出现的状况。如果发现有硬块或压痛的话，就应该充分搓揉整个手掌，并轻松地摆动手掌，尽快使刺激达到反射地点，且正确地反映给胃。

要避免在饭前或饭后进行穴位按摩，每日至少压疗1～2次，用食指和中指同时按揉出现硬块的拇指丘或小指丘，约5分钟就可感到舒畅感，约30分钟即可消除疼痛。按摩时务必放松心情，以免造成胃部紧张而无法传达刺激。不妨在看电视的轻松气氛下进行指压，直到发白的拇指丘和小指丘恢复粉红状，即表示已恢复正常状态。经常按压此二穴，可以提升胃机能、促进食欲、增加体重。

13.可治疗腹泻的穴位有哪些？

因食物中毒或压力过大而得过敏性大肠症候群并发生腹泻状况时，只需刺激位于腰部的大肠俞、小肠俞和腹部的几个穴位，即可达到治疗效果。

按摩手三里、三阴交也具有预防因腹寒引起腹泻的功效。

足三里除能调整肠胃机能外，也是能够有效地治疗腹泻、便秘的穴位。

合谷是大肠系脉络上的穴位，指压此穴位可治疗腹泻、便秘。

二间是位于食指根（靠近中指处）的穴位，对于治疗腹泻、便秘具有特别好的效果。

慢性腹泻并不属于疾病，而是一种症状，代表体内某处可能隐藏有疾病。但是，当自觉有腹痛、排便次数增加、大便状态有异状，而且还有体重减轻、贫血等情形时，很可能是体内恶性肿瘤（癌），应及时就医。

14.可治疗便秘的穴位有哪些？

可治疗便秘的穴位是位于心窝与肚脐中间的中脘，位于肚脐两侧1.5厘米处的天枢、大巨，及背部的肾腧、大肠腧、小肠腧和足部的三阴交等穴位。将生姜片置于大巨穴进行生姜灸，配合指压、按摩等方法，可有效治疗轻微的便秘。

如果压力完全滞留在位于手腕处的心经穴位，会使神门变窄，若指压便能扩大其门，治疗便秘。如上所言，足三里、合谷、二间都是可治疗便秘的穴位。

三间是位于二间反侧（靠近拇指处）的食指根的穴位，该处属于大肠经，是能顺畅排便的穴位。如果同时按压具有两个穴位的食指根，效果会更佳。

15.利用穴位自行治疗便秘有哪些方法？

想在家自行治疗便秘的人，可用以下方法刺激能治疗便秘的穴位。

米粒刺激法：将一颗米粒置于能治疗便秘的任何一个穴位上，然后用1厘米的正方形贴布固定。每2～3天更换1次米粒贴布，并持续轻压该处，必可达到通便的效果。除用米粒外，还可用金属粒子（磁力球），同样可获疗效。

牙签刺激法：如果用拇指反复按压大肠腧、小肠腧、天枢等穴位，7秒钟左右仍无效，可利用牙签不尖的部分按压上述穴位10秒钟，一般可达到催便的效果。除用牙签外，还可以用钢笔杆、筷子等物，同样具有效果。

1元硬币刺激法：先用手心的热度将一枚1元硬币搓热，然后将其由上往下摩擦心窝两侧以及肚脐下方的下腹部，同时用中空的手掌或指腹轻轻地按摩肚脐下方。这种疗法对无耐心寻找穴位者而言是最方便的，每日可进行3～4次。

16.如何利用穴位治疗胃痉挛？

治疗胃痉挛的要穴是劳宫。劳宫穴在掌心横纹中，第三掌骨的桡侧，曲指握拳时，中指指尖所点处即是。胃痉挛痛多是因暴饮暴食或贪食生冷硬物而引起的胃部阵发性、痉挛性疼痛，有时伴有呕吐，属中医中的胃脘痛范畴。劳宫穴有调理三焦之气、治疗胃部疾患的作用。针刺劳宫穴可激发经络之气，使气血运行通畅，气调血顺，通则不痛，故能使痉挛缓解，疼痛消失。临床观察，针刺劳宫穴时，患者可感到一股热流到达胃部，疼痛立止。

此外，还有梁丘穴的刺激疗法。梁丘穴在膝盖骨附近，脚用力伸直，膝盖骨的外侧会出现细长肌肉的凹陷，手朝大腿方向用力按压这个凹陷的上方，应会有震动感，这就是梁丘穴。微弱的刺激无法止住突然发生的胃痉挛，可用大拇指用力地按压，每次按压20秒，休息5秒再继续，如此重复几次，疼痛便会渐渐消退。刺激梁丘穴仅是一种紧急救护，如果出现剧痛不止，应到医院查明真正病因。

17.胃痛的运动疗法有哪些？

患有胃下垂、胃弱等疾病的患者出现胃痛，很可能是神经性的疼痛，也可能是胃溃疡、十二指肠溃疡在作祟。为了自身的健康，不妨试着进行下列这些简单的健身法，这些健身法可以帮助正在接受肠胃病治疗或进行饮食疗法的患者康复。

3分钟体操：仰卧躺好，腰下垫个枕头，膝部弯曲，用双手抱住双腿，触及腹部。每天早晚各做2～3分钟即可。如果能持续做此体操，不但可强化腹肌，还能辅助治疗胃下垂。

饭后10分钟侧卧操：这是很适合胃弱者的体操，方法是身体侧横卧，右臂为枕，背肌稍稍弯曲，左脚稍微向前与右脚错开。由于胃的出口位于右侧，晚餐后如果能以这个姿势静卧10分钟，将有助于食物顺畅地流向肠。

适当的运动有利于缓解胃痛

第五节 肾与坎卦

肾在八卦中对应坎，肾位于腹腔腰部，左右各一，与六腑中的膀胱相表里。肾主藏精，肾的精气盛衰关系到生殖和生长发育的能力，肾是人体生命活动的原动力，故有『肾为先天之本』之说。坎卦在人体对应的是肾脏，所以与其他类型体质的人相比，坎卦体质之人更容易出现肾系统的疾病，坎卦人更要注重补肾。

1.肾在《易经》养生中有怎样的地位?

肾在八卦中对应坎，五脏之中，虽心为君主之官，但五脏之本在肾。肾是人体生命活动的原动力，五脏的滋养离不开肾，五脏的温煦亦离不开肾。所以古人说：“肾为五脏之本。”肾的功能表现在三个方面：

（1）主藏精，促进人体生长、发育、生殖

精气是维持人体机能的能量来源，禀受于父母的先天之精储存于肾中，是构成人体胚胎的原初物质，是人体生长、发育的根本；而出生后自机体摄取的水谷精气及脏腑生理活动过程中所化生的精微物质即是后天之精，是维持生命的物质基础。人体生、长、壮、老的过程与肾中精气盛衰有关。

（2）主水液代谢，故又有“水脏”之称

在津液代谢过程中，首先是胃、小肠、大肠在脾的协助下，吸收水谷中的精微而产生津液；然后，通过脾、肺、肾和三焦，将津液输布于全身，发挥滋润和濡养作用；最后，代谢后的水液，通过尿、汗、粪和呼出的气而排出体外。

（3）主纳气，为“气之根”

“命门总乎两肾，两肾皆属命门。”强调肾内寓真阴、真阳，为五脏六腑阴阳的根本，所以肾又有“阴阳之本”之称。肾中阴阳对整个津液代谢过程相关器官有调节作用。津液代谢中的每一个环节，都是在肾阴和肾阳的调节下进行的。因为肾阴、肾阳是全身脏器阴阳的根本，肾阳的温煦与推动是水液

肾主水液

代谢参与各脏腑的功能动力，肾阴则由于与肾阳的相互制约与互根，起到协调肾阳的作用。因此必须保持肾中阴阳平衡，津液代谢才能正常地进行。

2.肾功能失调会怎样？

肾的精气不足会影响骨骼与听觉。肾的藏精功能失常，则精气流失，肾中精气不充足则亏虚，影响机体的生长、发育和生殖机能，可能导致骨质疏松等。肾控制津液的功能失常，则可导致津液代谢障碍。肾功能失常，可表现为尿少、尿闭、水肿，或为尿多、小便清长、失禁等。听觉和精气也有密切的联系，肾精不足会引起耳鸣。不孕和脱毛也是由于肾精不足而产生的。

3.准妈妈吃什么有利于胎儿的肾发育？

胎儿肾脏的发育从怀孕的第5周开始，并从第11周起开始滤过尿液。不过这时的胎儿还没有膀胱，尿是通过胎盘和母亲的血液排泄的。

肾在八卦中属坎，在五行为“水”，在五色为“黑”，在五声为“呻”，在五时为“冬”，在六腑为“膀胱”。所以这时的准妈妈，可以多吃天然的黑色食物，如黑米、黑豆、黑芝麻、黑木耳、乌鸡等。

其中黑米性味甘、温，是滋补佳品，有开胃益中、健脾暖肝、明目活血、滑涩补精等作用。可治少年白发，供孕妇、产妇补虚养身。

黑芝麻性味甘、平，具有滋养肝肾、养血润燥的作用。

4.肾有哪六怕？

肾脏主要有六怕，肾脏所害怕的事情都有害健康，应当尽量避免。

（1）害怕恐怖

《黄帝内经·素问》中提出：“恐伤肾。”这是因为人在惊恐时气往下沉，可干扰神经系统，出现耳鸣、耳聋、头晕、阳痿等症，严重时能置人于死地。民间常说的“吓死人”，就是这个道理。另外，过喜、过怒、过悲、过忧、过思、过恐等情志活动，必过耗肾精，不仅会导致肾病，而且还伤害其他脏腑。

（2）害怕久立

《黄帝内经·素问》中提出：“久立伤骨。”人若久立不动，其下肢静脉血液回流不畅，会引起腰痛、腿软、足麻等症。如果长久站立，很容易发生下肢静脉曲张或导致某些骨骼关节发育畸形。特别是老年人，气血运行本来已经减弱，若再久立不动，更容易伤肾损骨。

（3）害怕酗酒

过量饮酒既伤害脾胃，又损害肝

肾，还损伤气血，更重要的是酒精的分解物要靠肾代谢，肾脏当然害怕。

（4）害怕暴饮暴食

暴饮暴食者摄取食物超过了身体正常的需要，出现营养过剩，体内脂肪堆积，久之则气衰，痰湿内生，阻滞气血，遏伤阳气，导致肾阳虚；另一方面，还可以损伤脾胃，造成肾中积热，消谷耗液，致使五脏之阴液失其滋养，出现肾阴虚诸症。

（5）害怕用药不当

药物虽能治疗某种疾病，但倘若使用不当或过量使用，既伤脾胃，又伤肝肾。

（6）害怕劳累过度

包括色欲过度和运动过度两种。人的一切运动皆以元气为动力，而元气由肾精所化生，如果体力耗损过度，必耗精伤气，损及肾脏；而房事过度，不但耗精，而且伤神。

5.养肾的方法有哪些?

《黄帝内经》里说“男子四十而阴气自半”。中年是肾气逐渐衰退的关键时期，因此，中年养肾尤为重要。

（1）保养肾气的吞津功

《易经》告诉我们很多古人的养生方法，其中，最简便、最有用的当属吞津功。中医认为，唾液乃肺之外液，静坐吞津可补肺生津。而肺为水之上源，五行之中为金，金生水，肾为水脏，故补肺即为补肾。有肾病或者肾亏的人，就可以静心呼吸，然后用舌头搅拌舌下的唾液，满口后，分3次徐徐咽下，以意念送到丹田。如此数次，能使气血流畅，百脉调和，有益寿之功。

（2）鸣天鼓耳

以两手掌紧贴两耳，然后以中指和食指交替弹击后脑，耳中听见如打鼓之声，故名。每日2次，每次30次以上。中医认为，肾开窍于耳，故久行此法能健肾益耳，有利于肾气上输至脑及双耳，能健脑聪耳，防治耳聋耳鸣。

（3）按摩涌泉

足心涌泉穴直通肾经。临睡前选用温水泡脚，再用手互相搓热后，用左手心按摩右脚心，右手心按摩左脚心，每次100次以上，以搓热双脚为宜。此法有强肾、滋阴、降火之功，对治疗中老年人常见的虚热症效果甚佳。

（4）按摩腰眼

腰为肾之府，常做腰眼按摩，可防治中老年人因肾亏所致的腰肌劳损、腰酸背痛等症。腰部按摩操有两种做法：一是两手掌对搓至手心热后，分别放至腰部，手掌向内，上下按摩腰部，至有热感为止，可早晚各1次，每次约200下，此运动可补肾纳气； 二是两手握拳，双手放于腰间，用两手拇指的掌关节突出部位，自然按摩腰眼，向内做环形旋转按摩，逐渐用力，以至感酸胀为好，持续按摩10分钟左右，早、中、晚各1次。

第五章

时间养生

第一节 十二时辰养生

中国古代的子午流注等时间医学养生规律告诉我们，人体各内脏器官都有其特定的旺衰周期，在某内脏器官所主的时间里，该器官的气血运行和机能就旺盛。现代时间医学也证明了人体存在着内源性的时辰节律。如果一个人长期扰乱自身固有的生物钟，就会干扰其自身的生理平衡，从而引起疾病。

1.子时应注意保养什么?

半夜23点到凌晨1点的时段叫子时，此时是一天当中太极生命钟为阴极的时候，即这个时候是阴气最重的时候。而阴是主睡眠的，那么我们在这个时候要处于熟睡的状态。

子时是“胆经当令”，当令就是值班。胆是阳气的一阳生，它是刚刚长阳气，还很微弱，所以我们要用睡眠来保护这个阳气。

2.丑时应注意保养什么?

丑时是凌晨1点到3点的时段，是肝经值班。肝经是主生发的，它这个时候的阳气比胆值班的时候要生得大一点了。肝脏要解毒、要造血，这些就是在这个时候进行，所以半夜里，千万别去酗酒，也别沉迷于游戏，而应让身体在此时得到休息。有肝病的人多是爱熬夜的人。

古法养生：此时为精气发生之时，人以精为宝，宜节制房事，但也不宜强制，60岁以后可20日或1个月一次。

3.寅时应注意保养什么?

寅时是指凌晨3点到5点，这个时候是肺经当令。中医的经脉是从肺经开始的，现在所谓的正月则是从寅时开始的，这就告诉我们一天真正的开始是从寅时开始的。

寅时是阳气的开端，是人体气血从静变为动的开始，是转化的过程，这时需要有一个深度的睡眠。人睡得最死的时候应该是3点到5点，如果这个时候醒来，就说明气血量不足了，是非常不好的。

4.为什么老人容易早醒?

寅时气血流注于肺经，肺主肃降。这个时间段，一般是人睡得最深的时候。如果熬夜，三四点最难熬，这是因为这个时间为肃降之气运行的阶段。如果再熬下去，对人体的伤害特别大。

人老了之后，身体的各项机能比以前差多了，肃降的能力也越来越差，所以老人容易早醒。对于不到老年的人而言，如果这时候醒了，或者出现大汗淋漓的现象，这都是身体不好的信号，需要去看医生。

5.为什么心脏病患者易死于凌晨三四点?

许多心脏病人会死于凌晨三四点，这跟肺经在这个时候开始重新分配人体气血密切相关。寅时，人体各部位开始由静转动，对血气的需求量都开始增加。这时，肺作为“相傅之官”担当起均衡天下的职责。一旦“宣发”“肃降”失职，就会造成严重的后果。身体各部位对血气的需求量的增加，就会加重心脏的负担，这就是许多心脏病患者死于凌晨三四点的原因。

所以，在日常生活中，一般老人心脏功能不太好的话不提倡早锻炼，有心脏病的病人一定要晚点起床，而且要慢慢地起，也不主张早上锻炼。晚上是阴霾之气，可以活跃一下，而早晨是阳气生发的时候，就顺其生发好了。

老人心脏不好，不提倡早锻炼。

6.卯时应注意保养什么?

卯时，就是早上5点到7点的时段。卯时大肠值班，气血流注于大肠经。卯时在天地之象中代表天门开，代表二月，此时万物因阳气的生发冒地而出，故是排便的最佳时机。中医认为“肺与大肠相表里”，寅时肺气实了，卯时才能正常地大便。便秘的人在此时喝一杯水有利于排便。卯时脏腑生理活动逐渐恢复正常，此时起床很快就会精神饱满。

古法养生：见晨光即披衣起床，叩齿300次，转动两肩，活动筋骨。即先将两手搓热，擦鼻两旁，熨摩两目六七遍，再将两耳搓卷6遍，然后以两手抱后脑，手心掩耳，用食指弹中指，击后脑，左右各24次，最后去室外打太极拳或练其他拳术。

7.中医里便秘与拉稀是怎么回事？

大肠经有一个很重要的功能——“津”，津就是往外渗透的力量。便秘与拉稀涉及“主津所生病”的问题。肺气过实，津的力量过强，把里面的液都渗透出去了，这样就形成便秘。如果津的力量特别弱时，就会拉稀。津的力量的强与弱，和别的脏器也密切相关，如脾阳的运化能力和肾火的温熙能力等。所以中医治疗便秘和拉稀都是从津的功能入手。

8.辰时应注意保养什么？

辰时，是胃值班的时候了。这个时候是7点到9点，是胃最容易接纳食物的时候，此时吃早餐最适宜。应用抗过敏药物时，下午7时用药的药效能保持8小时，如在早晨7时用药，疗效可延续16小时，药效相差1倍，所以吃这类药时可以选择在辰时。要注意的是上午8时绝对不要喝酒，因为喝酒会给肝脏带来很大负担，且会引起全身不适。

古法养生：起床练功后，饮1杯白开水，用木梳梳发百余遍，有醒脑明目作用。然后洗脸漱口，吃早餐。早餐宜食粥，宜素淡，宜饱。餐后，徐徐行走百步，边走边以手按摩腹部。老年人脾胃虚弱，轻微活动和按摩腹部可促进肠胃蠕动，增强消化。

9.人为什么一定要吃早餐？

早上7点到9点，是胃经当令的时段。静脉气血是从子时一阳初生，到卯时的时候阳气就全升起来了。辰时，太阳也已经升起来了，天地出现一片阳的象。按照《易经》阴阳和谐的道理，这个时候人体就需要补充一些阴，而食物就属于阴。前面都是阳气在运化，这个时候吃食物就是对人体阴的补充。

现在很多人因怕胖而不吃早餐，其实，吃早餐不会让人发胖，而且吃再多也不会。这是因为上午是阳气最足的时候，也是人体阳气最旺盛的时候，这时候吃饭最容易消化。另外，9点以后就是脾经当令了，脾经能够经过运化把食物变成精血，然后输送到人的五脏去，所以早饭吃得再多也不会发胖。

10.痤疮跟胃经有什么关系？

年轻人通常会在额头、脸颊上长痤疮，其实痤疮是胃经的病，是由胃寒造成的。往往长痤疮的人特别喜欢喝冷饮以及精神郁闷，而这两者都会造成胃寒。

人体内部是一个恒温机制，如果喝下大量冷饮，慢慢地就形成了胃寒，而人体是有自保功能的，此时它会攻出热来驱散胃里的寒气。它攻出来的热是燥火，这时你就会感觉更渴。有些人不懂这个道理，非常渴就再喝冷饮，这样人体就会散发出更多的热来攻胃寒。如此反复，慢慢的，燥火就会表现在脸上，形成痤疮。

因此，痤疮是燥火的表现，治疗痤疮从胃经上治就可以了。通过拍打、敲打、捶打或者循按足阳明胃经，重点是天枢、梁丘、足三里等穴位，可以有效治疗痤疮。

11.巳时应注意保养什么？

巳时是上午9点到11点，是脾经值班的时候。脾经是主消化的，这个时候，它要吸收营养。而这个时候也是大脑最具活力的时候，是一天当中的第一黄金时间，是老人锻炼身体的最好时候，是上班人工作最出效率的时候，是上学的人学习效率最高的时候，所以，我们在巳时之前必须吃好早餐，保证脾经有足够的营养吸收，这样，大脑才有能量应付日常的运转。另外，医学工作者要注意，巳时是一天中最少需要止痛剂的时刻，因为此时是脑中产生脑啡呔的高峰时刻，对人体有麻醉作用。

古法养生：巳时或读书，或理家，或种菜养花。疲倦时闭目静坐养神，或叩齿咽津数十口。不宜高声与人长谈，因为说话耗气。老年人本来气弱，所以须“寡言语以养气”。

12.为什么说“思伤脾”？

《黄帝内经》说：“思则伤脾。”思为脾志，思虑过度会影响到脾脏、脾胃。一个人多愁善感，老是在考虑问题，考虑得太多往往不思饮食，或者饮食不和，这就影响到脾胃。脾胃是主运化的，饮食水谷精微到了脾胃的时候，就要靠脾胃的运化。运化就是运输、运送、消化、变化的意思。脾胃把吃进去的水谷消化成有营养作用的精微物质和无用的糟粕，并把其中的精微物质运送到全身。脾的运化功能，除了运化水谷之外，还能运化水液。脾伤则气血生化乏源，可出现心神失养等诸多疾病，如失眠、神经衰弱等。在脾经当令的巳时更要注意不要过思。

13.流口水和脾有关系吗？

《黄帝内经》说：“五脏化液，心为汗，肺为涕，肝为泪，脾为涎，肾为唾。”意思是说，出汗异常可以从心脏上找问题，鼻涕多了要看肺有没有问题，眼泪不正常了从肝上找根源，相应的，口水和唾沫异常就是脾和肾的问题了。

正常情况下，涎液是上行于口中的，但又不溢出于口外，因为口唇这扇“大门”把它挡住了。脾主肌肉，开窍于口，如果脾经出了毛病，最先会表现在口唇上。脾气若虚弱，肌肉就会失去弹性、易松弛，睡着后就会不自觉地张口，这时口水自然就会外流了。如果经常流口水就需要补脾。

14.午时应注意保养什么？

午时是指上午11点到下午1点的时段，由心经值班。这个时候我们要吃午饭、睡午觉，因为按照太极阴阳气化，这个时候阳气最旺。阳虚的人这个时候饱饱地睡，最养阳气。对于阳气不虚也不盛的人，午时只需休息半小时到一小时，养养心经，因为心脏很累。除非身体非常好的人可以不睡午觉，一般还是要睡一下午觉。

古法养生：午餐应美食。美食并非指山珍海味，而是求食物暖软。午餐不要吃生冷坚硬的食物，只吃八分饱。食后用茶漱口，涤去油腻，然后静坐或午休。

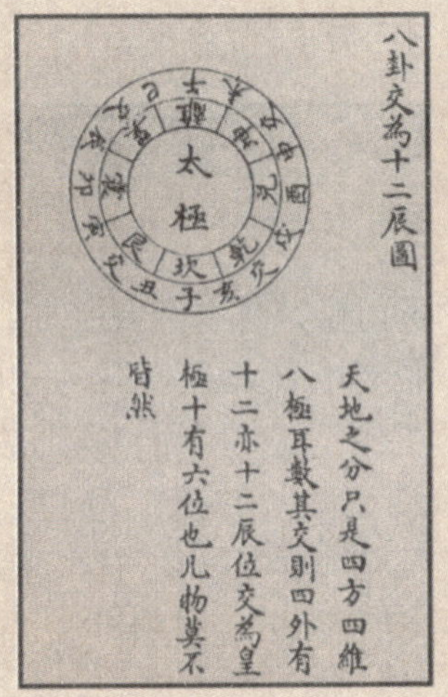

八卦交为十二辰图

15.为什么提倡睡午觉？

《易经》讲心肾相交。心的神明为神，肾的神明为志，心和肾相交的能力越强，人就越显得精神。睡觉就能使人达到心肾相交。深度睡眠的时候就是指心肾相交的时候，睡得不实和多梦就是心肾不交。

结束了上午的工作，我们的心脏已经很累了，所以午时要睡觉，以便有精神开展下午的工作。即使睡不着，只闭上眼睛养养神，也是对身体有好处的。

16.未时应注意保养什么？

午时过了以后，就到了未时，即下午1点到3点。这时小肠经值班，是保养小肠的最佳时段。小肠的功能是先吸收脾胃腐熟后的食物的精华，然后再把它们分配给各个脏器：把水液归于膀胱、糟粕送入大肠、精华则输于脾。午餐最好在未时之前吃完，这样才能在小肠精力最旺盛的时候把营养物质都吸收进入人体。否则，就会造成浪费。另外，此时要多喝水，因为人体这个时候的血液营养很高，需要稀释血液，起到保护血管的作用，而且此时喝水也有利于小肠排毒降火。午时人体反应变迟钝，因此，此时不宜参加商务会议或者会见重要客户。

古法养生：此时或午睡，或练气功，或邀友弈棋，或浏览时事，或做家务。

练气功保养图

17.为什么午餐要吃好？

午餐一定要吃好，这是因为下午1点到3点是小肠经当令，人体主吸收。所以，午餐的营养要尽量丰富，食物的种类要尽量多。

在加强营养的同时要注意个人情况，即消化和吸收能力。如果吸收能力很差的话，吃再好的东西，在体内也不能够消化吸收，照样会成为垃圾。形成垃圾以后，人体还得调出元气来化掉它，这样反而使身体变得更虚。

所以午餐要吃好，同时也要依据个人情况来进补。

18.申时应注意保养什么？

申时是指下午3点到5点之间的时段，此时膀胱经当令。膀胱经是一条可以走到脑部的经脉。在申时，午餐的营养都送到大脑了，气血上升于脑部，大脑这时候精力很充沛，要抓紧工作，提高效率。古语也说“朝而授业，夕而习复”，就是说早晨学完的东西，到下午3点至5点进行复习，以强化记忆。

申时是膀胱经当令，宜适时饮水促进尿液排泄，让膀胱“津液之府”实至名归。一定不要憋小便，否则会发生“尿潴留”。

古法养生：此时或读名人诗文，或练书法，或去田园绿地，或观落日怡情。

19.如何预防尿结石？

饮水可补充人体需要的水分，从而降低结石成分在尿液中的浓度，防止结石促进物的聚合。预防尿结石要做到尽量多饮水，每天饮水量在2000毫升以上。

饮水还要注意时间。餐后1至3小时，人体处在吸收的高峰期，大量的代谢物被肾滤过，此时大量饮水，有助于排出代谢产物，起到防治结石的作用。

睡前饮水500毫升，可起到较好的预防尿结石的效果。一般夜间尿结石最容易形成，因此主张以维持夜间的尿量来防结石。运动后也应及时饮水，以防止尿中溶质浓度增高。

另外，饮用怎样的水也很重要。日常饮水，应选择普通白开水，不能以各种果汁、牛奶、汤，甚至啤酒来代替日常饮水。

20.酉时应注意保养什么?

酉时是傍晚的5点到7点，这时候是肾经值班。此时太阳落山鸡回笼，预示着开始进入一天中的“秋冬季节”。秋冬季节是收获贮藏的季节，因此养肾要着眼于藏精。

肾在酉时进入储藏精华阶段，又由于此时是一天工作需要稍微休息之时，因此酉时不宜过于劳累，否则会伤气伤血。此时可以再喝一杯水。这一杯水非常重要，它可以帮我们把毒排掉，还可以清洗我们的肾和膀胱，让我们不得肾结石、膀胱癌、肾炎。肾阳虚者在下午五六点补肾阳最为有效。

古法养生：练动静功一段。晚餐宜早、少，可饮酒一小杯，不可至醉。用热水洗脚，有降火、活血、除湿之功效。晚上漱口，涤去饮食之毒气残物，以利口齿。

21.酉时发低烧是怎么回事?

发高烧实际上是气血足的一个表象。人成年之后发高烧的可能性不大，真正发高烧的都是小孩子，因为小孩子的气血特别足。而发低烧实际上是气血水平很低的一个表象，特别是在酉时发烧，属于肾气大伤。

容易出现酉时发低烧现象的有两种人。一种是青春期的孩子。青春期的孩子刚刚发育，他们开始关注自己的身体，尤其是男孩子，如果手淫过度的话，就会肾气大伤，发生酉时发低烧的现象。还有一类就是新婚夫妇。由于他们容易纵欲过度，这个时期也会出现发低烧的现象。

22.如何自我判断肾气是否充足?

可以尝试用以下的方法来自我判断肾气是否充足。

①如果平时出现口干舌燥、失眠盗汗，甚至尿频、腰膝酸软等问题，则可能是肾阴不足、虚火上亢所致。

②如果感觉性机能不足、力不从心，则可能是肾阳亏所致。

③如果经常觉得手足心热、口干舌燥、腰膝酸软，且畏寒、喜欢热饮，此多为肾阴阳两虚。有时还伴有耳鸣或眩

晕、尿频、尿不尽、性机能失调，或女性白带多、不孕等症。

④如果一动气就喘、一咳嗽就漏尿，则可能是肾虚所致的肾不纳气。

⑤经常失眠多梦、夜间频尿、盗汗、健忘、心悸怔忡，则可能是心肾不足。

23.戌时应注意保养什么？

戌时为晚上7点到9点，是心包经值班的时候。这个时候，我们的心气比较顺了，为我们一天当中的第三个黄金段。此时可以学习，也可以去散步、锻炼身体。但是，当心包经值班时间快结束时，需要再喝一杯淡茶或者白开水，让血管保持通畅。心包的功能是“喜乐出焉”，意思就是说人在此时要很快乐才是养生之道。

古法养生：练静气功，然后安眠。睡时宜右侧，“睡如弓”。睡前什么都不用想，自然入睡。

24.如何敲打心包经？

在民间有一种敲打心包经的方法，对解郁、解压非常有效。

即先用手指掐住自己腋下里面的一根大筋，然后拨动它。当拨动这根大筋的时候，小指和无名指会发麻。这根大筋底下有一个非常重要的穴位，叫天泉穴。用手掐住它，手指感到发麻，就表明拨对位置了。

如果每天晚上临睡前拨十来遍，这样敲打下去，就可以排去郁闷和心包积液，对身体非常有好处。据说这样还可以减肥，因为心包积液除掉了，心脏的活力就加强了。心脏的活力加强，整个身心的代谢都会加强。

25.亥时应注意保养什么？

亥时就是晚上9点到11点这一时段，为三焦经最旺。此时是一天中最美丽的时候，天地归于安静，人可以酣畅地释放激情，然后进入甜美的梦乡；此时也是一天中承前启后的关键时刻，阴气极旺将衰，阳气已尽将生。同时，此时也是人们结束一天的生活，开始孕育新的生命周期的时刻。所以，亥时养生最重要的就是两件事：一是男欢女爱，畅享激情，但这并非“常规动作”，偶尔为之即可，以节欲保精、益肾护身；二是进入梦乡，安身定神，养阴育阳，休养生息。此乃每日必行之举，违则伤身损体。

古法养生：安睡以养元气，环境宜静，排除干扰。“睡不厌蹴，觉不厌舒。”即睡时可屈膝而卧，醒时宜伸脚舒体，使血气流通，不要只固定一种姿势。

第二节 十二月份养生

十二月份养生是指根据一年十二个月天地阴阳之气的具体变化，积极发挥人的主观能动作用，自觉调适自己的活动，使之与自然界的变化规律协调一致。按《四时纂要》的观点，十二月养生法强调天人相应，重在戒人律己，忌粗诔疏，以适应自然。

1.孟春正月如何养生？

正月为孟春，约公历2月，在十二辟卦中为“泰”。此时自然界阳气开始上升，万物化生，一切都充满了生机，故曰“发阳”。根据天人相应的养生原则，人应该顺其自然生发之势，在调养方面要注意掌握“生而勿杀，与而勿夺”的原则。

正月地支为寅，五行属木。水能生木，水位于北方，故正月坐卧当向北方。这时气候虽冷，但开始转暖，草木即将萌发，自然界充满生机，有利于人体肝的生理活动。但气候尚冷，老人尤其注意保暖。到“立春”这天，宜服蔓青汁，以预防春季传染病。

孙思邈《摄生论》曰：“正月肾气受病，肺脏气微，宜减咸酸，增辛辣味，助肾补肺，安养胃气。勿冒冰冻，勿太温暖，早起夜卧，以缓形神。”

孟春要注意保暖

2.古人正月有哪些宜忌？

《遵生八笺》曰：“正月日时不宜用寅，犯月建，百事不利。是月初婚忌空床，招不祥。”

《梅师方》曰：“元日，勿食梨，以避离字之义。勿食鲫鱼，头中有虫。”

《千金方》曰：“是月食虎豹狸肉，令人伤神损寿。”又曰：“不得食生葱、蓼子，令人面上起游风。勿食蛰藏不时之物。”

《心镜》曰：“是月节五辛以避历

气。五辛：蒜、葱、韭、薤、姜是也。”

《摄生论》曰：“八日宜沐浴，其日不宜远行。”

《杨公忌》曰：“正月元日，天腊日。十五日，为上元。二日，戒夫妇入房。”

3.仲春二月如何养生?

二月为仲春，约公历3月，在八卦属“大壮”，意思是说阳气壮大，已过中和的地步。人体之内的阳气在丑时最为旺盛，此时卧养宜面向东北。

二月和阳煦煦、春意盎然、气候暖和、阳光灿烂，老人宜多晒太阳。但本月有“乍暖还寒”的特点，不可骤然脱掉棉衣，应随气候冷暖而适当增减衣服，即所谓“二四八月乱穿衣”。此时大自然生机勃勃，可邀亲朋好友去郊外春游。但此时肝气过旺，易于动怒，要注意情绪的调控，随时保持心气平和，不妄动肝火，否则肝气升腾太过，易患眩晕、中风之病。春分这天，可用枸杞煎水擦身洗面，能使人面肤光泽不老，还可采集桃花阴干，研成细末，日服0.5克，能使人容美颜红。

孙思邈曰：“二月肾气微，肝当正旺，宜戒酸增辛，助肾补肝；宜净隔去痰水，小泄皮肤，微汗以散去冬蕴伏之气。”

4.古人二月有哪些宜忌?

天道西南行，做事出行宜向南；

宜食韭菜，大益人心；

行途中勿食阴地流泉，令人发疟瘴，又令脚软；

勿食黄花菜，交陈菹，发痼痰，动宿气；

勿食大蒜，令人气壅，关膈不通；

勿食小蒜，伤小志；

勿食鸡子，滞气；

勿食兔、狐、貉肉，令人神魂不安；

勿食生冷，可衣夹衣；

勿竭川泽，勿焚山林，勿任刑，勿杀生；

二月三日，不可昼眠；

六日沐浴，令人轻健，八日亦同；

九日，不可食鱼鳖；

十四日，忌水陆远行。

5.季春三月如何养生?

季春三月，约公历4月，卦值夬。夬者，阳决阴也，决而能和之意。此月生气在寅，坐卧宜向东北方。

三月草木欣欣向荣，应早卧早起，练功习拳。此时天气开始变热，切不可练得大汗淋漓。老人津液本亏，大汗反会伤身。清明可采大蓼，以预防肠道病的发生。谷雨日采茶备用。老人饮茶不但可以解热止渴，还可预防疾病、延年益寿。

孙思邈曰："三月肾气已息，心气渐临，木气正王，宜减甘增辛，补精益气。慎避西风，散体缓形，便性安泰。勿专杀伐，以顺天道。"

6.古人三月有哪些宜忌?

宜取百合根晒干，捣为面服，能益人；

宜取山药去黑皮，焙干，作面食，大补虚弱，健脾开胃；

勿食芹菜，恐病蛟龙瘕，面青黄，肚胀大如妊；

勿食黄花菜、陈醋、菹，发痼疾，起瘟疫；

勿食生葵，令人气胀，化为水疾；

勿食诸脾，脾神当王；

勿食鸡子，令人终身昏乱；

勿食驴马肉，勿食獐鹿肉，令人神魂不安；

此月三日，忌食五脏及百草心，食之天地遗殃；

六日，宜沐浴；

十二日，宜拔白发；

二十七日，忌远行，宜斋戒，念静思真。

7.孟夏四月如何养生?

孟夏四月，约公历5月，卦值乾。乾者，健也，阳之性，天之象也，故君子以自强不息。此月生气在卯，坐卧行功宜向正东方。

四月天气已热，植物茂盛，大地一片翠绿。这样的气候环境有利于人体心脏的生理活动。老年人要注意衣薄被单。若感冒不可轻用发汗之药，汗出过多会损伤心血。老年人气血易滞、血脉易阻，本月每天清晨可吃少许葱头，喝少量酒，使气血流通，心脉无阻，便能防止心病发生。此月情志宜开朗畅怀、安闲自在，切忌暴怒伤心。

孙思邈曰："四月肝脏已病，心脏渐壮，宜增酸减苦，补肾助肝，调胃气。"

8.古人四月有哪些宜忌?

宜晚卧早起，感受天地之精气，令人长寿；

勿暴怒伤心，秋必为疾；

勿暴露星宿下，避西北二方风；

勿接阴以壮肾水，当静养以息心火；

勿与淫接，以宁其神，以自强不息，天地化生之机；

勿食大蒜，伤神魂，损胆气；

勿食生薤，令人多涕唾，发痰水；

勿食鸡雉肉，令人生痈疽，逆元气；

勿食鳝鱼，害人；

此月四日，宜沐浴，拔白发；

七日，宜安心静虑斋戒，必有福庆，忌远行。

9.仲夏五月如何养生？

仲夏五月，约公历6月，卦值姤。姤者，遇也，以阴遇阳，以柔遇刚之象也。此月生气在辰，坐卧宜向东南方。

五月气候炎热，禾苗茁壮，果实青青。老年人不要贪凉而露天睡卧，不要大汗而裸体吹风，不要吃鸡、羊肉等生火助热的食物。这个时候饮食宜清淡，心情宜恬静，所谓“心静自然凉”。

孙思邈曰：“五月肝脏气休，心正王，宜减酸增苦，益肝补肾，固密精气，卧起俱早，慎发泄。”

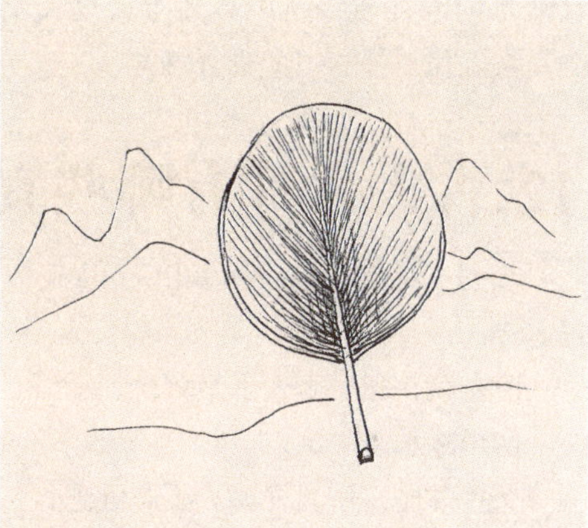

仲夏宜保持怡静心情

10.古人五月有哪些宜忌？

此月天道西北行，做事出行俱宜向西北；

勿露体星宿下，慎避北风；

勿晒床荐席；

勿处湿地，以招邪气；

勿食薤韭，以为症痼，伤神损气；

勿食马肉及獐鹿肉，令人神气不安；

此月五日，宜斋戒清静，忌见一切生血，勿食一切菜；

九日沐浴，令人长命；

十六日，切忌嗜欲，犯之夭寿伤神，忌远行；

二十七日，宜沐浴，拔白发。

11.季夏六月如何养生？

季夏六月，约公历7月，卦值遁。遁者，避也，二阴浸长，阳当避也，故君子庄矜自守。此月生气在巳，坐卧宜向南方。

六月为炎暑季节，暑气逼人，宜避暑纳凉，居通风空敞之处、水亭林荫之

季夏坐卧宜向南方

中。但切忌将身浸入冷水，老年人更不宜卧霜月星下。此时宜净心调息，常觉冰雪在心，自然浑身清爽。

老年人不宜吃冰水、雪糕，更忌肥腻食物。老人肠胃虚弱，最易受伤，而且常是内寒外热，所以高龄老人夏天反倒宜服温和平补的“金匮肾气丸”。

孙思邈曰：“六月肝气微弱，脾脏独旺。此时阴气内伏，暑毒外蒸，纵意当风，任性食冷，故人多暴泄之患。故宜减苦增咸，节约肥浓，补肝助肾，益筋骨。切须饮食温软，不令太饱，时饮粟米温汤、豆蔻熟水最好。

12.古人六月有哪些宜忌?

此月天道东行，做事出行俱宜向东，吉；

慎东风，犯之令人手足瘫痪；

勿用冷水浸手足；

勿食羊血，伤人神魂，少志健忘；

勿食野鸭鹜鸟，勿食葵，必成水癖；

勿食韭，令人目昏；

勿食茱萸，令人气壅；

此月六日，宜斋戒沐浴，又宜起土兴工；

二十四日，宜拔白发，忌远行；

二十七日，宜沐浴，念静思真，施阴骘事。

13.孟秋七月如何养生?

孟秋七月，约公历8月，卦否。否者，塞也，天地塞，阴阳不交之时也，故君子勿妄动。此月生气在午，坐卧宜向正南。

七月为收成季节，田野一片金黄，早起早卧，练功舞剑预防脾病。本月昼热夜凉，温差较大，雨水多，湿热重，老年人多不思食，宜吃荷叶粥，芳香化湿，开胃健脾。立秋日可吞服赤小豆14粒，预防痢疾。

孙思邈《养生》曰：“肝心少气，肺脏独旺，宜安静性情，增咸减辛，助气补筋，以养脾胃。勿冒极热，勿恣凉冷，勿发大汗，保全元气。”

14.古人七月有哪些宜忌?

此月天道东北行，做事出行宜向东北，吉；

不宜用申日，犯月建，作事不吉；

勿食茱萸、猪肉，损人神气；

勿多食菱肉，动气；

勿食生蜜，令人暴下霍乱；

勿食猪肺，勿多食新姜；

立秋后十日，瓜宜少食；

五日，宜沐浴；

七日，曝皮裘，可以避蛀，也宜绝虑

斋戒；

九日，谢前想，求祈新庆；

十六日，剪指甲烧灰服之，能灭九虫三尸；

二十八日，宜拔白发；

二十九日，忌远行。

15.仲秋八月如何养生？

仲秋八月，约公历9月，卦观。观者，观也，风在地上，万物兴昌之时也。此月生气在未，坐卧宜向西南方。

八月气候转凉，暑气全消，人觉清爽。“一场秋雨一场凉。”老年人应及时增添衣服，防止秋凉感冒。仲秋当心冷风来。冷风来时，有哮喘病的老人常在此时发作，应练呼吸气功，增强肺气，减少发作。

孙思邈《摄养论》曰：“是月心脏气微，肺金用事，宜减苦增辛，助筋补血，以养心肝脾胃。勿犯邪风，令人生疮，以作疫痢。”

16.古人八月有哪些宜忌？

此月天道东北行，做事出行俱宜向东北，吉；

不宜用酉日，犯月建，不吉；

勿多食新姜，勿食生蒜，勿食猪肺，及饴和食，令人发疽；

勿食小蒜，伤人神气，魂魄不安；

勿食芹菜，恐病瘕，发则似颠，小腹胀；

勿食猪肚，冬成嗽疾，经年不差；

勿食生蜜，勿多食生果，勿食鸡子，伤神；

勿食蟹，霜降后方可食；

勿食萌芽，伤人神胆，喘悸，胁肋气急；

此月四日，勿市鞋履附足之物，仙家大忌；

八日，取枸杞煎汤沐浴，令人不老不病；

十八日，宜斋戒思念吉事，大人兴福之时；

二十一日，宜拔白发，忌远行，去而不返；

二十二日，宜沐浴，令人无非祸。

17.季秋九月如何养生？

季秋九月，约公历10月，卦剥。剥，落也，阴道将旺，阳道衰弱，当固精敛神。此月生气在申，坐卧宜向西南。

重阳佳节，天高气爽，可于此日登高观景，赏菊咏诗，畅舒情怀，但切不可见秋风落叶，产生垂慕之感，应有“霜叶红于二月花”之慨。九月宜饮菊花酒，使人长寿无病。秋天气候干燥，老年人多血枯津燥，宜服蜂蜜、芝麻以养血润燥。

孙思邈曰："是月阳气已衰，阴气太盛，暴风时起，切忌贼邪之风，以伤孔隙。勿冒风邪，无恣醉饱。宜减苦增甘，补肝益肾，助脾胃，养元和。"

18.古人九月有哪些宜忌?

此月天道南行，做事出行俱宜向南，吉；

不宜用戌日，犯月建，不吉；

宜减苦增咸，补肝益肾，助脾资胃；

宜采白术，蒸曝九次，晒干为末，月服三次，不饥，延年益寿；

勿冒风霜，无患醉饱；

勿食药菜，有虫不见；

勿食诸姜，食之成痼疾；

勿食小蒜，伤神损寿，魂魄不安；

勿食经霜生菜及瓜，令人心痛；

勿食葵，化为水病；

勿食犬肉，伤人神气，减算夭寿；

勿以猪肝和饧同食，至冬成嗽病，经年不差；

勿食霜下瓜，冬发翻胃；

勿食不消化，节制生冷，以防痢疾；

此月九日，宜斋戒；

十六日，宜沐浴，拔白发；

二十日，宜斋戒，沐浴静念；

二十七日，忌远行，呼为罗网之日。

19.孟冬十月如何养生?

孟冬十月，约公历11月，卦坤。坤者，顺也，以服健为正，故君子当安于正，以顺时也。此月生气在西，坐卧宜向西方。

北风吹来，天气变冷，霜降大地，草木凋零，虫鸟伏藏，此时老年人宜着棉衣以御风寒。早卧晚起，必待阳光。老人阳气本弱，晨起可面向太阳，练吸日精之功以助身之阳气，亦可在阳光下打太极拳，练八段锦。本月人体肾气始旺，宜少吃咸性食物以保护肾脏。冬天更宜"清心寡欲"，节制性生活，以保护肾精。肺肾相生，肾精充盛，咳喘之病可免。若肾精亏虚，阳气不足，寒潮袭来，常诱发老人咳喘等病，应及时防治。立冬之日可采槐子，每服21粒，能补肾明目，乌发延龄。

孙思邈《修养法》曰："十月心肺气弱，肾气强盛，宜减辛苦，以养肾气。毋伤筋骨，勿泄皮肤，勿妄针灸，以其血涩津液不行。十五日宜静养，获吉。"

孟冬宜养肾气

20.古人十月有哪些宜忌？

此月天道南行，做事出行宜向正南方，吉；

不宜用亥日，犯月建，不吉；

勿戴暖帽，使脑受冻则无眩晕之疾；

勿食生椒，损人血脉；

勿食韭，令人多涕唾；

勿食霜打熟菜，令人面上无光；

勿食生燕，以增痰水；

勿食熊猪肉、药菜，衰人颜色；

勿食猪肾，十月肾旺也；

此月一日，宜沐浴；

四日、五日，勿责罚，仙家大忌；

十日，忌远行；

十三日，宜拔白发；

十五日，宜斋戒静念思真，必获福庆；

二十日，切忌远行。

21.仲冬冬月如何养生？

仲冬冬月，约公历12月，卦复。复者，反也，阳动于下，以顺上行之义也，故君子当静养以顺阳生。此月生气在戌，坐卧宜向西北。

冬月，水冰地坼，大雪封山，鸟兽绝迹。老人怕冷，此时须避寒就温，宜毛衣贴身，棉软着体。冬月手脚易冻，尤宜保暖。但炉火不宜太旺，室内不宜太热，更不可闭户燃炉而卧，防中毒气。冬天宜练按摩功以取暖，练易筋经以助热。冬月老人饮食宜温暖熟软，切忌粘硬生冷。冬至日可吃当归炖牛肉，或饮狗肉汤等药膳，借自然界阳气萌动，以补人体阳气，增强御寒阳病之能力。

孙思邈《修养法》：“是月肾脏正旺，心肺衰微，宜增苦味，绝咸，补理肺胃，闭关静摄，以迎初阳，使其长养，以全吾生。”

仲冬宜食温暖熟软食物

22.古人冬月有哪些宜忌？

此月天道东南行，做事出行宜向东南，吉；

勿灸腹背，勿暴温暖，慎避贼邪之风，犯之令人面肿，腰脊强痛；

勿枕冷石铁物，令人目暗；

勿食龟鳖肉，令人生水病；

勿食陈脯，勿食鸳鸯，令人恶心；

勿食生菜，发宿，令人心痛；

勿食生韭，多涕唾；
勿食火焙食物；
勿食螺蚌蟹鳖，损人元气，长尸虫；
勿食经夏醋，发头风，成水病；
此月三日，宜斋戒静念；
十日，宜拔白发，亦宜念善，夭与福去灾，忌远行；
十六日，宜沐浴；
二十日，不宜远行，不可问疾。

23.季冬腊月如何养生?

季冬腊月，约公历1月，卦临。临者，大也，以刚居中，为大亨而利于贞也。此月生气在亥，坐卧宜向西北。

数九寒天，梅花斗雪，喜报春讯，但腊月仍须防寒，更防冬温。此时可采集腊梅花十数朵泡开水，当茶饮，能防治咽喉肿痛。高龄老人骨弱肌薄，极易外感风寒，早起可服人参、黄芪酒一小杯，防风御寒，免患感冒。但又恐老人内热伏藏，晚宜服杞菊地黄丸或清水化痰丸，清降痰火。腊月应勤练养生功，迎接朝气蓬勃的春天。

孙思邈曰："是月土旺，水气不行，宜减甘增苦，补心助肺，调理肾脏。勿冒霜雪，勿泄津液及汗。初三日宜斋戒静居，焚香养道。"

24.古人腊月有哪些宜忌?

此月天道西行，做事出行俱宜向西；
不宜用丑日，犯月建，做事不吉；
勿犯大雪，勿伤筋骨，勿妄针刺；
勿歌舞，犯者凶；
勿食蓬，多发痼疾；
勿食猪，脾旺在四季故耳；
勿食生韭，勿食霜烂果菜，勿食蚌蟹鳖虫之物，勿食獐肉，勿食牛猪肫肉，勿食生椒，勿食葵菜；
初一、初二、初八、十三、十五、二十日，宜沐浴，去灾晦。

第三节 二十四节气养生

太阳从黄经零度起，沿黄道每运行十五度所到达的时日称为『一个节气』。每年运行三百六十度，共经历二十四个节气，即立春、雨水、惊蛰、春分、清明、谷雨、立夏、小满、芒种、夏至、小暑、大暑、立秋、处暑、白露、秋分、寒露、霜降、立冬、小雪、大雪、冬至、小寒、大寒。二十四节气养生就是告诉大家一年二十四节气如何从饮食、起居、情志方面养生。

1.立春时节如何养生?

公历每年2月4日前后是立春，立春是一年中的第一个节气。“立”即开始之意，立春揭开了春天的序幕，表示万物复苏的春季的开始。

立春养生要顺应春天阳气生发、万物始生的特点，注意保护阳气，着眼于一个“生”字。按自然界属性，春属木，与肝相应。肝主疏泄，在志为怒，恶抑郁而喜调达。故在春季精神养生方面，要力戒暴怒，更忌情怀忧郁，应心胸开阔、乐观向上，保持心境恬愉的好心态。

《千金要方》主张春时衣着宜“下厚上薄”，《老老恒言》亦云：“春冻半泮，下体宁过于暖，上体无妨略减，所以养阳之生气。”这就要求我们夜卧早起，免冠披发，松缓衣带，舒展形体，多参加室外活动，克服倦懒思眠状态，使自己的精神情志与大自然相适应，力求身心和谐，精力充沛。

立春养生的另一方面，就是要防病保健。特别是初春，天气由寒转暖，各种致病的细菌、病毒随之生长繁殖，尤其要注意。饮食调养方面要考虑春季阳气初生，宜食辛甘发散之品，不宜食酸收之味，可以有目的地选择一些柔肝养肝、疏肝理气的草药和食品。

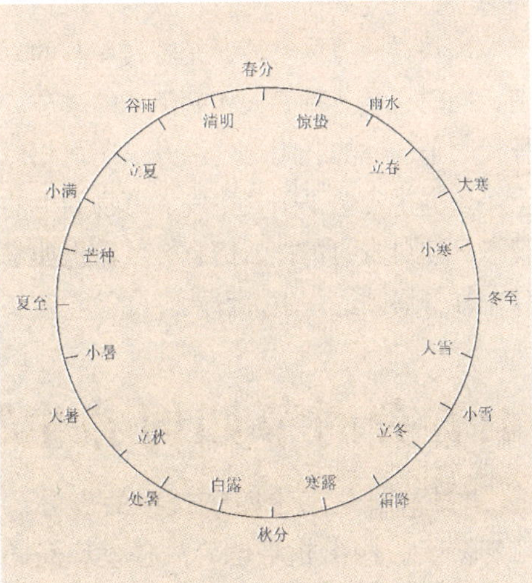

二十四节气在黄道上的位置

2.雨水时节如何养生？

公历每年2月18日前后为雨水节气。根据雨水节气对自然界的影响，雨水节气应该注重“调养脾胃”。肝属木，脾胃属土，在五行相生相克关系传变中，木旺乘土，即肝木过旺克伐脾土，也就是说若肝木疏泄太过，则脾胃因之而气虚；若肝气郁结太甚，则脾胃因之而气滞。所以，春季养生中既要注意春季阳气生发的特点，扶助阳气，又要避免伤及脾胃。

脾胃是生命之本、健康之本，历代医家、养生家都很重视脾胃的护养。现代医学实验证明，调理脾胃能有效地提高机体免疫功能，防老抗衰。

饮食方面，雨水时节应多吃新鲜蔬菜、多汁水果，以补充人体水分，可选择韭菜、香椿、百合、豌豆苗、茼蒿、荠菜、春笋、山药、藕、芋头、萝卜、荸荠、甘蔗等。不得生食葱蒜，花生宜煮不宜炒。

精神调摄方面，雨水时节要静心寡欲、不妄作劳，以养元气。

3.惊蛰时节如何养生？

惊蛰，一年中的第三个节气，公历每年3月4日~7日。农历书中记载：“斗指丁为惊蛰，雷鸣动，蛰虫皆震起而出，故名惊蛰。”在公历中，斗指丁时，太阳黄经为345度。

惊蛰过后万物复苏，是春暖花开的季节，同时也是各种春天疾病活跃的季节。惊蛰时节人体的肝阳之气渐升，阴血相对不足，养生应顺乎阳气生发、万物始生的特点，使自身的精神、情志、气血也如春日一样舒展畅达，生机盎然。

从饮食方面来看，惊蛰时节的饮食应顺肝之性，助益脾气，令五脏和平。此时宜多吃富含植物蛋白质、维生素的清淡食物，大家可根据各自体质选择如豆腐、油菜、慈姑、白萝卜、扁豆、包菜、蚕豆、洋葱、紫菜、白果、枇杷、芝麻、蜂蜜、甘蔗、桃仁等食物。少食肥甘厚味、饮料、酒类之品，且每餐不宜过饱。日常煮食各种粥类，如糯米、薏仁、红豆、黑豆、红枣、花生、黄豆粥。

4.春分时节如何养生？

3月21日是二十四节气中的春分。“春分者，阴阳相半也，故昼夜均而寒暑平。”一个“分”字道出了昼夜、寒暑的界限。

由于春分平分了昼夜、寒暑，此时人们在保健养生时应注意保持人体的阴阳平衡状态。阴阳平衡法则无论在精神、饮食、起居等方面的调摄上，还是在自我保健和药物的使用上都是至关重要的。

从立春到清明，是草木生长萌芽期，人体血液正处于旺盛时期，激素水平也处于相对高峰期，此时易发常见的非感染性疾病，如高血压、月经失调、痔疮及过敏性疾病等。此节气的饮食调养，应当根据自己的实际情况选择能够保持机体功能协调平衡的膳食，禁忌偏热、偏寒、偏升、偏降的饮食。如在烹调鱼、虾、蟹等寒性食物时，一定要佐以葱、姜、酒、醋类温性调料，以防止因菜肴性寒偏凉，食后有损脾胃而引起脘腹不舒之弊；又如在食用韭菜、大蒜、木瓜等助阳类菜肴时常配以蛋类滋阴之品，以达到阴阳互补之目的。

春分时节，在思想上要保持轻松愉快、乐观向上的精神状态；在起居方面要坚持适当锻炼、定时睡眠、定量用餐，有目的地进行调养，方可达到养生的最佳效果。

5.清明时节如何养生?

就中医养生来讲，清明也是一个尤为重要的节气。因为这个节气是高血压的易发期，就此讲一下高血压患者如何养生。

患有高血压的人在进行养生时，应针对阴阳失调、本虚标实的病理，以调和阴阳、扶助正气为大法，采用综合调养的方法，如情志调摄。

高血压与情志因素关系密切。现代医学研究亦表明，外界的不良刺激，长时间的精神紧张、焦虑和烦躁等情绪波动，都可导致和加重高血压病的症状。因此，在调摄情志的过程中，应当减轻和消除异常情志反应，移情易性，保持心情舒畅，选择动作柔和、动中有静的太极拳作为首选锻炼方式，避免参加带有竞赛性的活动，以免情绪激动，避免做负重性活动，以免引起屏气，从而引起血压升高等。

饮食调摄方面，高血压患者须定时定量，不暴饮暴食，多食瓜果蔬菜。形体肥胖者还须减少甜食，限制热量摄入。老年高血压患者应养成低盐饮食习惯，在降低摄盐的同时，增加钾的摄入，如多食用蔬菜、水果类食品。

6.谷雨时节如何养生?

公历每年的4月20日前后为谷雨节气。谷雨是二十四个节气中的第六个节气，也是春季的最后一个节气。

《素问·保命全形论》说：“人以天地之气生，四时之法成。”这是说人生于天地之间，自然界中的变化必然会直接或间接地对人体的内环境（体内的生理变化）产生影响，保持内环境、外环境（自然环境）的平衡协调是避免、减少发生疾病的基础。谷雨后降雨增多，空气中的湿度逐渐加大，此时我们在调摄养生中要适应自然环境的变化，即通过人体内部的调节使内环境与外环境的变化相适应，从而保持正常的生理功能。谷雨节气以后是神经痛的发病期，如肋间神经痛、坐骨神经痛、三叉神经痛等等。这里提醒大家一旦发病不要紧张，可根据不同的病因，对症治疗。

谷雨时节虽以晴暖为主，但早晚仍有时冷时热之时，早出晚归的人应加倍小心地呵护自己，避免不必要的痛苦发生。

7.立夏时节如何养生？

公历5月6日是农历的立夏。在天文学上，立夏是夏天的开始。人们习惯上把立夏当做是温度明显升高、炎暑将临、雷雨增多、农作物进入旺季生长的一个重要节气。

立夏时节天气渐热，植物繁盛，有利于心脏的生理活动。人在与节气相交之时应顺之，所以，在整个夏季的养生中要注重对心脏的特别养护。

立夏时节常常衣单被薄，即使体健之人也要谨防外感，一旦患病不可轻易运用发汗之剂，以免汗多伤心。老年人更要注意避免气血瘀滞，以防心脏病发作。

立夏之季，情宜开怀，安闲自乐，切忌暴喜伤心。清晨可食葱头少许，晚饭宜饮红酒少量，以畅通气血。具体到膳食调养中，我们应以低脂、低盐、多维生素、清淡为主。

8.小满时节如何养生？

小满节气正值五月下旬，气温明显增高，雨量增多，所以这一节气中，要注意气温变化，雨后要添加衣服，不要受风着凉而患感冒。又由于天气多雨潮湿，故不可贪凉卧睡，否则将引发风湿症、湿性皮肤病等疾病。

在小满节气的养生中，我们要特别提出"未病先防"的养生观点，就是在未病之前，做好各种预防工作，以防止疾病的发生。在未病先防的养生中仍然强调：天人相应的整体观和正气内存、邪不可干的病理观。中医学认为人体是一个有机的整体，人与外界环境也是息息相关的，人类必须掌握自然规律、顺应自然界的变化、保持体内外环境的协调，这样才能达到防病保健的目的，此即天人相应的整体观。中医学还认为疾病的发生，关系到正气与邪气两个方面的因素。邪气是导致疾病发生的重要条件，而人体的正气不足则是疾病发生的内在原因和根据，但不否定外界致病因素在特殊情况下的主导作用，此即正气内存、邪不可干的病理观。因此，"治未病"应该从增强机体的正气和防止病邪的侵害这两方面入手。

9.芒种时节如何养生？

芒种，公历6月6日，太阳黄经为75度。芒种是种植农作物时机的分界点，过了这一节气，农作物的成活率就越来越低。而此时暑令湿胜必多兼感，使人感到四肢困倦、萎靡不振，因此，此时在搞好雨期的田间管理的同时，更要注意增强体质，避免季节性疾病和传染病的发生，如中暑、腮腺炎、水痘等。

芒种的养生重点要根据季节的气候特征，在精神调养上应该使自己保持轻松、愉快的状态，恼怒忧郁不可有，这样气机得以宣畅，通泄得以自如。

起居方面，芒种时节要晚睡早起，适当地接受阳光照射（避开太阳直射，注意防暑），以顺应阳气的充盛，利于气血的运行，振奋精神。夏日昼长夜短，中午小憩可助缓解疲劳，有利于健康。芒种过后，午时天热，人易出汗，衣衫要勤洗勤换。为避免中暑，芒种后要常洗澡，这样可使皮肤疏松，“阳热”易于发泄。但须注意的一点，在出汗时不要立即洗澡。中国有句老话，“汗出不见湿”。若汗出见湿，乃生痤疮。

10.夏至时节如何养生？

公历6月21日为夏至日，夏至日是我国最早的节日。此时太阳直射北回归线，是北半球一年中白昼最长的一天。从中医理论讲，夏至是阳气最旺的时节，养生要顺应夏季阳盛于外的特点，注意保护阳气，着眼于一个“长”字。

起居调养方面，夏至时节要顺应自然界阳盛阴衰的变化，宜晚睡早起。夏季炎热，暑易伤气，若汗泄太过，令人头昏胸闷、心悸口渴、恶心，甚至昏迷。安排室外工作和体育锻炼时，应避开烈日炽热之时，加强防护。此时应合理安排午休时间，一为避免炎热之势，二可缓解疲劳之感。每日温水洗澡也是值得提倡的健身措施，其不仅可以洗掉汗水、污垢，使皮肤清洁，消暑防病，而且能起到锻炼身体的目的。另外，夏日炎热，腠理开泄，易受风寒湿邪侵袭，睡眠时不宜直吹风，有空调的房间，室内外温差不宜过大，更不宜夜晚露宿。

11.小暑时节如何养生？

7月7日小暑天。此时天气已经很热，但还不到最热的时候，所以叫小暑。

时当小暑之季，气候炎热，人易感心烦不安、疲倦乏力。夏季为心所主而顾护心阳，在自我养护和锻炼时，我们应按五脏主时，平心静气，确保心脏机能的旺盛，以符合“春夏养阳”之原则。在情志方面，喜为心之志，这

"喜"是在不过的情况下，舒缓紧张的情绪，使心情舒畅、气血和缓。故夏季养生要重点突出"心静"二字。

夏季是消化道疾病多发季节，在饮食调养上要改变饮食不节、饮食不洁、饮食偏嗜的不良习惯。饮食应以适量为宜。过饥，则摄食不足，化源缺乏，从而致气血不足，引起形体倦怠消瘦、正气虚弱、抵抗力降低，继发其他病症；过饱，则会超过脾胃的消化、吸收和运化功能，导致饮食阻滞，出现脘腹胀满、嗳腐泛酸、厌食、吐泻等食伤脾胃之病。

12.大暑时节如何养生？

大暑，是一年中最热的节气。此时气候炎热，酷暑多雨，暑湿之气容易乘虚而入，且暑气逼人，心气易于亏耗。尤其老人、儿童、体虚气弱者，此时往往难以将养，易导致疰夏、中暑等病。

大暑是全年温度最高、阳气最盛的时节。在养生保健中常有"冬病夏治"的说法，故对于那些每逢冬季发作的慢性疾病，如慢性支气管炎、肺气肿、支气管哮喘、腹泻、风湿痹证等阳虚证，此时是最佳的治疗时机。

夏季养生，水是人体内十分重要的不可缺少的健身益寿之物。夏季气温高，人体出汗过多，需要多喝水。除水之外，酒、汤、果汁等都可称为饮品，合理选用都能对人体起到很好的强身健体的作用。

盛夏阳热下降，絪蕴熏蒸，水气上腾，湿气充斥，故在此季节，感受湿邪者较多。在中医学中，湿为阴邪，其性趋下，重浊黏滞，易阻遏气机，损伤阳气，食疗药膳应以清热解暑为宜。

13.立秋时节如何养生？

大暑之后，时序到了立秋。秋是肃杀的季节，立秋预示着秋天的到来。

立秋是由热转凉的交接节气，也是阳气渐收，阴气渐长，由阳盛逐渐转变为阴盛的时期，是万物成熟收获的季节，也是人体阴阳代谢出现阳消阴长的过渡时期。因此立秋养生，凡精神情志、饮食起居、运动锻炼，皆以养收为原则。

精神调养上，此时要做到内心宁静，神志安宁，心情舒畅，切忌悲忧伤感，即使遇到伤感的事，也应主动予以排解，以避肃杀之气，同时还应收敛神气，以适应秋天容平之气。

饮食起居方面，立秋之季已是天高气爽之时，应开始"早卧早起，与鸡俱兴"。秋天宜收不宜散，所以秋天要尽量少吃葱、姜等辛味之品，适当多食酸味果蔬。

秋季是开展各种运动锻炼的大好时机，每人可根据自己的具体情况选择不同的锻炼项目。需要注意的是，锻炼均不宜过频过剧，切不可大汗淋漓，以防阴津泄溢。

14.处暑时节如何养生?

节令到了处暑，气温逐日下降，不再暑气逼人，进入显著变化阶段。总的来看，处暑期间的气候特点是白天热，早晚凉，昼夜温差大，降水少，空气湿度低。因而，衣服不要加得太多，但也不能过凉。在处暑期间，人容易出现口鼻干燥、咽干唇焦的燥症。所以，此时节要注意防燥，饮食上可以多吃新鲜果蔬，尤其是梨子和莲藕，还可将丝瓜皮、荷叶等用于熬汤。

俗话说：“春困、秋乏、夏打盹。”处暑期间，天气由热转凉，很多人都会有懒洋洋的疲劳感，也就是“秋乏”。营养专家表示，保证充足睡眠和多食碱性食物可驱“秋乏”，故处暑过后最好每天多睡1小时。

15.白露时节如何养生?

每年的公历9月7日至9日或始为白露。白露是个典型的秋天节气，从这一天起，露水一天比一天凝重。

白露节气是真正的凉爽季节的开始。很多人在调养身体时一味地强调海鲜、肉类等营养品的进补，而忽略了季节性的易发病，给自己和家人造成机体的损伤，从而影响学习和工作。白露时节要避免鼻腔疾病、哮喘病和支气管病的发生。特别是对于那些因体质过敏而引发的上述疾病，在饮食调节上更要慎重。凡是因过敏引发的支气管哮喘病人，平时应少吃或不吃鱼虾海腥、生冷炙烩腌菜、辛辣酸咸甘肥的食物，最常见的有带鱼、螃蟹、虾类、韭菜花、黄花、胡椒等，宜吃清淡、易消化且富含维生素的食物。

另外，白露气候干燥，容易出现口干、唇干、鼻干、咽干、大便干结、皮肤干裂等症状，可适当地多吃一些富含维生素的食品，也可选用一些宣肺化痰、滋阴益气的中药，如人参、沙参、西洋参、百合、杏仁、川贝等，对缓解秋燥多有良效。

16.秋分时节如何养生?

秋分将至，在饮食上特别要注意预防秋燥。秋分的“燥”不同于白露的“燥”，秋分的“燥”是凉燥，而白露的“燥”是“温燥”。因此，秋分在饮食方面要注意多吃一些以清润、温润为主的食物，比如：芝麻、核桃、糯米等。秋天上市的果蔬品种多样，其中藕、荸荠、甘蔗、秋梨、柑橘、山楂、苹果、葡萄、百合、银耳、柿子、芝麻、蜂蜜等，都是此时调养的佳品，但注意不可吃得过多，以免伤脾胃。

秋分时节，若坚持适宜的体育锻炼，不仅可以调养肺气，提高肺脏器官的功能，还有利于增强各组织器官的免疫功能和身体对外界寒冷刺激的抵御能力。由于秋季早晚温差大，气候干燥，要想收到良好的健身效果，要预防受凉感冒，避免运动过度。此时秋高气爽，是外出旅游的大好时节，可适当增加户外活动，比如登高、爬山、秋游等，锻炼的同时也可使精神得到放松。

17.寒露时节如何养生？

寒露在二十四节气中排列十七，于公历每年的10月8日至9日交节。由于寒露的到来，气候由热转寒，万物随寒气的增长而逐渐萧落。在自然界中，此时阴阳之气开始转变，阳气渐退，阴气渐生。因此我们人体的生理活动也要适应自然界的变化，以确保体内的生理（阴阳）平衡。

此时的精神调养也不容忽视。由于气候渐冷，日照减少，风起叶落，一些人的心中常会产生凄凉之感，以致出现情绪不稳、易于伤感的忧郁心情。此时我们应保持良好的心态，因势利导，宣泄积郁之情，培养乐观豁达之心，这也是养生保健不可缺少的内容之一。

除此之外，秋季凉爽之时，人们的起居时间也应做相应的调整。《素问·四气调神大论》明确指出："秋三月，早卧早起，与鸡俱兴。"早卧以顺应阴精的收藏，早起以顺应阳气的舒达。

18.霜降时节如何养生？

霜降是秋季的最后一个节气。

秋末时节，是呼吸道疾病的高发期，此时很多人易犯咳嗽，慢性支气管炎容易复发或加重。故此时在饮食上宜平补，多食粥及其他滋润的食物，以生津润燥、固肾补肺。大家可根据各自身体状况，选吃具生津润燥、宣肺止咳作用的梨、苹果、橄榄、白果、洋葱、芥菜、萝卜等食物。搓揉迎香穴（鼻翼两侧），练练呬字功等，都有助于我们预防呼吸道疾病。

另外，霜降节气因天气逐渐变冷，身体局部保暖不当，或人体为适应寒冷的刺激而有所增加的新陈代谢等原因，使得慢性胃病、"老寒腿"等疾病的发病率随之上升。尤其是有消化道溃疡病史的人，此时要特别注意腹部保暖及自我保养。老年人运动时，不宜做屈膝动作时间较长的运动，要尽量减少膝关节的负重。此时在饮食上一定要避免服用对胃肠黏膜刺激性大的食物和药物。栗子、葡萄、菠菜、冬瓜是这时的进补佳品，可以适当多食。

19.立冬时节如何养生？

公历每年的11月8日前后为立冬，立冬是冬季的第一个节气，太阳到达黄经225度时开始。中医学认为，这一节气到来后，阳气潜藏，阴气盛极，草木凋零，蛰虫伏藏，万物活动趋向休止，以冬眠状态养精蓄锐，为来春生机勃发作准备。

立冬的养生要保护阳气，不过度消耗阴精，应做到精神安静、豁达乐观、合理用脑、保持良好心态。另外，在起居调养上要有规律，早睡晚起，保证充足睡眠，避免过度劳累，并注意背部保暖，这样才有利于阳气潜藏。同时，还要适度运动，如做操、散步等，要节欲保精，减少房事。

立冬后，人们在饮食上依然要遵循“秋冬养阴”的原则，食用一些滋阴潜阳的食物，如桑葚、桂圆、甲鱼、黑木耳等。牛肉、羊肉、乌鸡、豆浆、牛奶、青菜、豆腐、芹菜、白萝卜、土豆、大白菜、菠菜、苹果等也都是立冬后比较适宜的食物。

20.小雪时节如何养生？

小雪节气，望文生义，表示降雪开始的时间和程度。此时我国北方地区会出现初雪，虽雪量有不大，但还是提示我们到了御寒保暖的季节。

孙思邈在《千金要方·食治篇》中说：“食能祛邪而安脏腑，悦神，爽志，以资气血。”合理的饮食，可以使人身体强健、益寿延年，而饮食不当则是导致疾病和早衰的重要原因之一。为避免血液黏稠，此节气可吃些保护心脑血管的食品，如丹参、山楂、黑木耳、西红柿、芹菜、胡萝卜等，也适宜吃一些降血脂的食品，如苦瓜、玉米、荞麦等，还宜吃些温补性食物和益肾食品，如腰果、芡实、山药、板栗、白果、核桃、黑芝麻、黑豆等。

冬季阳气潜藏，阴气盛极，因此应当早卧晚起，保持睡眠充足。我国传统的医学理论十分重视阳光对人体健康的作用，认为常晒太阳能助发人体的阳气，特别是在冬季，经常晒晒太阳更能起到壮人阳气、温通经脉的作用。

21.大雪时节如何养生？

大雪节气常在公历12月7日前后到来，此时我国黄河流域一带渐有积雪，北方则呈现万里雪飘的迷人景观。

从中医养生学的角度看，大雪已到了“进补”的大好时节，但是进补也有一定的原则，比如，进补要适量，不可盲目进补，以免过于燥热而有损健康。另外，进补过程中要注意五味调和，不可过于偏嗜某一味，从而导致体质偏颇，要在平衡膳食的基础上适当进补。

饮食起居方面，由于天气寒冷，人体为了保存一定的热量，就必须增加体内碳水化合物、脂肪和蛋白质的分解，以便产生更多的能量满足机体的需要，所以，冬天可以适当多吃富含糖、脂肪、蛋白质和维生素的食物，以补充因天寒而消耗的能量，益气补血，滋养身体。此时不要熬夜，晚上最好在11点前休息，保持足够的睡眠。另外，居住环境应空气流通。

在运动方面，此时应注意防寒保暖，不要做过于剧烈的运动，避免大汗淋漓，运动量应循序渐进增加。

22.冬至时节如何养生？

冬至在养生学上是一个最重要的节气，主要是因为冬至时节阳气生。按八卦学说，此时为地雷复卦。复卦卦象为上面五个阴爻，下面一个阳爻，象征阳气的初生。我国古时曾将冬至定为子月，即一年的开始月份。

古代养生修炼非常重视阳气初生这一时期，因为只有人体内的阳气充足，才会达到祛病延年的目的。

冬至饮食调养要遵循“秋冬养阴，无扰乎阳，虚者补之，寒者温之”的古训，少食生冷食物，但也不宜燥热。过食辛辣食物只会生阳动火，导致内热积聚、郁热上冲，肥甘厚味食物则易导致饮食不化、聚湿生痰。此时有选择性地食用一些滋阴潜阳、热量较高的膳食为宜，同时也要多吃新鲜蔬菜以避免维生素的缺乏，如多饮豆浆，多吃白萝卜、胡萝卜、青菜、豆腐、木耳、番茄、荸荠、藕、白菜等。

冬季也要注意养心，应培养善良、宽厚之心，保持精神畅达乐观，不为琐事劳神，不强求名利、患得患失。

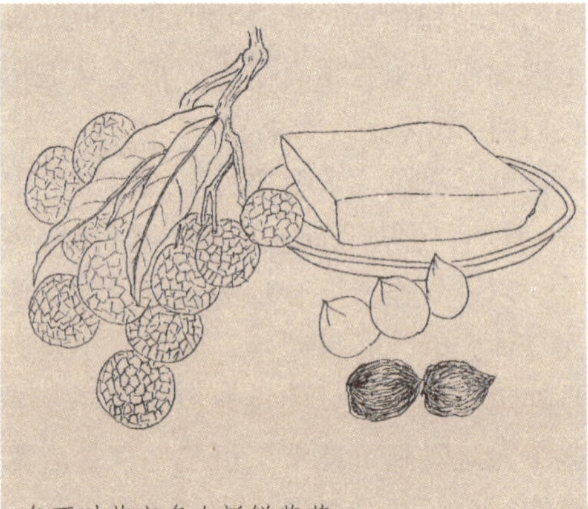
冬至时节宜多吃新鲜蔬菜

第四节 四季养生

人体的阴阳，是生命的根本。自然界有春夏秋冬四时的变化，即所谓『四时阴阳』。善于养生的人，也要使人体中的阴阳与四时的阴阳变化相适应，以保持人与自然的和谐统一，从而达到祛病强身、延年益寿的目的。

1.四季对人体精神活动有什么样的影响?

在医学名著《黄帝内经》里专门有一篇是讨论四时气候变化对人体精神活动影响的，即《素问·四气调神大论篇》。对于此篇，《黄帝内经直解》指出：“四气调神气，随春夏秋冬四时之气，调肝、心、脾、肺、肾五脏之神态也。”著名医学家吴鹤皋也说“言顺于四时之气，调摄精神，亦上医治未病也”，所以篇名为“四气调神”。这里的“四气”，即春、夏、秋、冬四时气候；“神”，指人们的精神意志。四时气候变化，是外在环境的一个主要方面；精神活动，则是人体内在脏气活动的主宰，内在脏气与外在环境间取得统一协调，才能保证身体健康。

2.四季对人体气血活动有什么样的影响?

祖国医学认为外界气候变化对人体气血的影响也是显著的，如《内经素问·八正神明论》里说：“天温日明，则人血淖液而卫气浮，故血易泻，气易行；天寒日阴，则人血凝泣而卫气沉。”意思是说，在天热时则气血畅通易行，天寒时则气血凝滞沉涩。

中医认为，气血行于经脉之中，故气候对气血运行的变化会进一步引起脉象的变化，如《内经素问·脉要精微论》里说：四时的脉象，春脉浮而滑利，好像鱼儿游在水波之中；夏脉则在皮肤之上，脉象盛满如同万物茂盛繁荣；秋脉则在皮肤之下，好像蛰虫将要伏藏的样子；冬脉则沉浮在骨，犹如蛰虫藏伏得很固密，又如冬季人们避寒深居室内。

以上充分说明了自然界气候的变化对人体气血经脉的影响是显著的。若气候的变化超出了人体适应的范围，则会使气血的运行发生障碍，如《黄帝内经》里说：“经脉流行不止，环周不体。寒气入经而稽迟，泣而不行，客于脉外则血少，客于脉中则气不通，故猝然而痛。”这里的“泣而不行”，就是寒邪侵袭于脉外，使血脉流行不畅；若寒邪侵入脉中，则血病影响及气，脉气不能畅通，就会突然发生疼痛。

3.四季对五脏有什么样的影响？

《内经素问·金匮真言论》明确提出“五脏应四时，各有收应”的问题，即五脏和自然界四时阴阳相应，各有影响。

事实上，四时气候对五脏的影响是非常明显的，就拿夏季来说，夏季是人体新陈代谢最活跃的时期，尤其是室外活动特别多，而且活动量也相对增大，再加上夏天昼长夜短、天气特别炎热，故睡眠时间也较其他季节少一些。这样就使得体内的能量消耗很多，血液循环加快，出汗亦多。因此，在夏季，心脏的负担特别重，如果不注意加强对心脏功能的保健，很容易使其受到损害。由此可见，中医提出“心主夏”的观点是正确的。

这里需要说明的一点是，在我国古代，对一年中季节的划分，有四季和五季两种方法，因人体有五脏，故常用五脏与五季相配合来说明人体五脏的季节变化。

4.如何理解“四气调神大论”？

《黄帝内经》中讲到“四气调神大论”：四气，指春夏秋冬四时的生化特点；调，调理、调摄；神，指精神情志活动。主要告诫人们要顺应四时气候变化以调摄精神情志，保持机体内阴阳的相对平衡，达到身体健康防病的目的。

春季三月，万物复苏，自然界欣欣向荣。为了适应这种自然环境，人们应该晚睡早起，起床后到庭院里散步，披散开头发，穿着宽敞的衣物，不要使身体受到拘束，以便使精神承受春天万物的生发而舒畅活泼，充满生机。对待事物，也要顺应此时的生长之性，不应该抑制其生发。这正是顺应“春生”的养生法则。如果违背了这种规律，则会伤及肝脏，以致夏天容易发生寒性病变，而出现阳气不足的病症。

夏季三月，天气下降、地气上升，天地、阴阳相互交汇，自然界一片繁荣秀丽。此时人们应该晚睡早起，并保持愉快、舒畅的心情。这样能够使阳气充分宣泄。这正是顺应夏天的养生法则。如果违背了这种法则，就会损伤心脏，以致秋天易发疟疾，减少了供养秋天的精气，致使冬季也较易生病。

秋季三月，秋高气爽，暑湿消失，自然界丰收平定。此时人们应早睡早起，大体以与鸡活动的时间一致为宜。精神情绪要保持安定平静，以缓解秋凉对人体的伤害；内敛神气而不外泄，可保持平定，有助于肺的清肃。这就是秋季的养生法则。如果违背，则会对肺脏有损伤，以致冬天容易发生完谷不化所致的泄泻，从而减少了供给冬天贮藏的精气。冬季三月，水冷成冰，地寒而裂，自然界草木凋零，万物伏藏。这时人们要减少活动，不要扰动体内的阳气。要早睡晚起，到太阳升起的时候再起床，才能避免寒气侵袭。精神情绪要保持平静，同时还应当躲避寒气，注意保暖，不要轻易使皮肤开泄而出汗，以免阳气散失。这就是冬季的养生方法。如果违背了这个原则，就会伤害肾脏，以致春天会发生痿病和厥病，而且供给春天的生发之精气就减少了。

天之气是晴朗光明的，天所隐藏的德行不曾停止，因而不会下显于地。如果天之德行显露于外，那么就会日月不明，就像人体真阳外浮，会导致阳气失去固守之用而使外邪侵入人体。

如果违背了春季的养生原则，那么人体内的少阳之气就不能生发，从而使肝气抑郁发生病变；如果违背了夏季的养生原则，人体内的太阳之气便不能旺盛，就会发生心气内虚的病症；如果违背了秋季的养生原则，体内的太阴之气便不能收敛，就会发生肺热喘息胸闷的病症；如果违背了冬季的养生原则，体内的少阴之气便不能闭藏，就会发生肾气虚惫的病症。

自然界四时阴阳之气的变化，是万物生长收藏的根本。因此圣人才会注重春养生、夏养长、秋养收、冬养藏。如果悖逆了这些原则，那么就会伤伐其根本，会耗损人体的天之真气。养生之道就在于此，顺应四时的阴阳有序变化，就能延年益寿；悖逆它，就会疾病丛生甚至死亡。正因为如此，圣人才不会等到疾病找上门来才去治疗，而是注重防患于未然。这和未雨绸缪是一个道理。

5.四季养生的宗旨是什么？

自然界分布着五行（即木、火、土、金、水）之常气，以运化万物。人体秉承着五行运化的正常规律，因此才有五脏生理功能。不仅如此，人们必须依赖于自然界所提供的物质而生存。所以，人与自然环境存在着不可分割的联系，自然和人的关系好比“水能浮舟，亦能覆舟”一样，既有有利的方面，也有不利的方面。

可是，人对自然不是无能为力的，疾病是可以预防的，只要五脏元真（真气）充实，营卫通畅（指人的周身内外气血流畅），抗病力强，则正气存内，邪不可干，人即安和健康。所以四季养生保健的根本宗旨在于“内养正气，外慎邪气”。

“内养正气”是养生的根本，任何一种养生方法的最终目的都是保养正气。保养正气就是保养人体的精、气、神。人体诸气得保，精和神自然得到充养，人体脏腑气血的功能也得到保障，即“五脏元真通畅，人即安和”。

在我国医学古籍《黄帝内经》记载了这样一次谈话：黄帝问养生专家岐伯：“为什么先人们能活上百岁身体还很健康，现在的人不到六十就过早衰老了？”岐伯说：“古时候的人懂得对于四时不正之气的避让，以便使内心安静，排除杂念。这样调和好了自身的正气，就不会得病了。”黄帝听了，觉得很有道理，便照岐伯的方法修炼了起来。

黄帝注意在日常生活中处处约束自己，消除不切实际的欲望，使心情尽可能地安定。由于精神专注，他劳动虽很辛苦，但并不觉得疲劳。由于在物质上没有奢望，所以他心情一直很舒畅。吃饭时，不管是什么他都不嫌弃。衣服不管是质地好的还是差的，他都很开心。他喜欢与民同乐。虽然他是国家的领袖，但他尽职尽责，为百姓造福，从不自以为尊贵。因为黄帝心静如水，加上他长期坚持，从不懈怠，所以他不受外界的干扰，常保有“天真之气”，这应该是他长寿的秘诀了。

“外慎邪气”则是警惕外界一切可以致病的因子，主要是从有病要早治、生活要节制等方面来调摄养生。

中医认为，邪气刚入于人体之表，应当即时治之，“勿使九窍闭塞，如此则营卫调和”，病邪就不会由表入里，病势也就不会由轻变重而损害正气，是养生祛病益寿之妙法。外慎邪气的另一个方面是指对自己的生活注重节制，忌“贪”字。比如：起居有常，起卧有时，从不贪睡，每天坚持锻炼身体，并做一些力所能及的体力劳动；衣着打扮应当以舒适为宜，根据气候的变化而适当增减着装，但不要因为天气寒冷就穿着过暖，也不要因为天热贪凉而过少穿衣；饮食方面则要讲究五味适中，五谷相配，饮食随四时变化而调节，忌贪饮暴食偏食；在心理健康方面，应当注重陶冶情操，坦然怡然地待人接物，不以物喜，不以己悲，良好的心态自然能够改善身体状况，减轻乃至避免机体发生病患的可能。

6.春季养生的原则是什么？

春季养生注重“培本养阳”，春季包括我国的农历正月、二月和三月，此时天气逐渐变暖，阳气渐升，草木萌发，万物生长，一派欣欣向荣之象。春天气候多变，乍暖还寒，最易受外邪，所以有“春夏养阳”之说。而《医贯·阴阳论》说：“阴阳又各互为其根，阳根于阴，阴根于阳；无阳则阴无以生，无阴则阳无以化。”因此，阳不能自立必得阴而后立，故阳以阴为基，而阴以阳为统，而阳为阴之父，根阴根阳，天人一理也。春季万物初长，固护阳气，阳气乃足，补阴为补阳气生化之本，生化之源也。

春季保养人体阳气的方法很多，重要的一点是要“捂”，即俗话中的“春捂秋冻”，即衣着方面不要顿减，正如《寿亲养老新书》里所指出的“春季天气渐暖，衣服宜渐减，不可顿减，以免使人受寒”。而且还特别强调体弱之人要注意背部保暖，此外应当多吃韭菜。韭菜，虽终年可供人食用，但却以春季多吃最好。正如俗话所说：“韭菜春食则香，夏食则臭。”中医认为韭菜性温，春季常食，最助人体养阳。

7.春季养生应注意什么?

《黄帝内经》称:“春三月,此谓发陈。天地俱生,万物以荣。”春季阳气生发、大地回春、万象更新、生机盎然,是一年中最好的季节。然而,春天不但是流感、流脑等各种传染病的高发季节,而且冠心病、胆结石、肝炎、精神性疾病也常常容易在春天复发。俗话说“一年之计在于春”,因此,我们一定要做好春季的养生保健,为一年的健康打下基础。

一般来说,春季养生当注重以下几点:

(1)养阳气。在春季和夏季,人们应注重对体内阳气的保养。何谓阳气?即通常人们所说的“火力”,也就是人体的新陈代谢能力。若火力不足,就会出现畏寒、肢冷等症状。春季保养人体阳气的方法很多,重要的一点是要“捂”,即俗话中的“春捂秋冻”,衣着方面不要顿减,正如宋代著名病学家陈直所言的“春季天气渐暖,衣服宜渐减、不可顿减,以免使人受寒”。体弱之人要注意背部保暖。

保养阳气,还需多吃韭菜。韭菜,虽然四季常青,终年供人食用,但却以春季多吃最好。正如俗话所说:“韭菜春食则香,夏食则臭。”中医认为韭菜性温,春季常食,最助人体养阳。

(2)重养肝。中医学认为,肝脏在五行中对应“木”,春季为草木繁荣的季节,故春季主肝。对此《红楼梦》中的林黛玉就是最好的诠释。

林黛玉每至春分时节,屡发咳嗽、痰血之疾,这是由于黛玉多愁善感,自幼犯有肺痨宿疾。春天生发之际,再加上情怀郁结,易造成肝气郁结,横逆犯肺,引起痰血。

人体五脏之一的肝脏是与春季相应的。因为春天温暖的气候将会使人的活动量日渐增加,促使新陈代谢亦将日趋旺盛。因而,在人体内,无论是血液循环,还是营养供给,都会相应加快、增多,以适应人体各种生命活动的需求。中医认为,这些均与肝脏的生理机能有关。若肝脏机能失常,适应不了春季气候的变化,就会在以后出现一系列病症,特别是精神病及肝病患者,易在春夏之季发病。俗话说“菜花黄,痴子忙”。据统计,精神病发病率以三四月份最高,这也是季节对机体影响的一种反映。中医所说的“春宜养肝”的道理就在于此。

保养肝脏的方法很多,如春天不要过于劳累,以免加重肝脏的负担。肝病及高血压病的患者,也应在春季到来之时,按医嘱及时服药。尤其精神病患者,在春天要注意避免精神刺激,以免病情加重。

(3)防哮喘。春季是大多数花粉的散落时期,有些人一接触到鲜花就发生花粉过敏,轻者会出现眼痒、鼻塞、打喷嚏、流鼻涕、流眼泪等症状,严重者可诱发支气管哮喘、过敏性皮炎、喉头水肿、荨麻疹、神经血管性水肿等过敏病症。

所以春季应尽量少吃高蛋白质、高热量的饮食,有过敏史的人,尽量少去花草树木茂盛的地方,更不要随便去闻花草；外出郊游时要穿长袖衣裤、鞋袜，并带上脱敏药物。

（4）勤锻炼 。春天里，人们常会出现“春困”，表现为精神不振、困乏嗜睡，可以通过运动来予以消除，绝不能贪睡，因为中医认为“久卧伤气”，久睡会造成新陈代谢迟缓，气血循环不畅，筋骨僵硬、脂肪积聚，吸收与运载氧的功能下降，毒素不能及时排出体外，遂致体质虚弱，病患滋生。

《黄帝内经》里还指出：“夜卧早起，广步于庭，披发缓形，以使志生。”意谓春天人们应当晚睡早起，披散着头发、舒展着形体，在庭院中信步漫行，可使智慧、灵感生发不息。这些都是古人春天养生的宝贵经验，很值得现代人去认真执行。

8.春季如何做到清火排毒？

春天风多雨少，气候干燥，天气变化反复无常，人体很难保持新陈代谢的平衡和稳定，容易导致生理机能失调而致使人体“总管家”——大脑指挥失灵，引起“上火”症候。具体表现为咽喉干燥疼痛、眼睛红赤干涩、鼻腔热烘火辣、嘴唇干裂、食欲不振、大便干燥、小便发黄等。

那么，怎样做才能防止春天上火，为自己的身体清火排毒呢？

中医认为通过各种方法把身体中的毒素排出体外，人才会重新恢复健康活力。

（1）多喝水。排泄是人体排毒的重要方法之一。每天喝够两升水，可以冲洗体内的毒素，减轻肾脏的负担，是排毒最简便的方法。

（2）改变饮食习惯。以天然食品取代精加工食物，新鲜水果是强力净化食物，菠萝、木瓜、奇异果、梨都是不错的选择。如果平时多吃富含纤维的食物，比如糙米、蔬菜、水果等，都能增加肠道蠕动，减少便秘的发生。多吃蔬菜、水果，忌吃辛辣食物，多饮水或喝清热饮料，促进体内“致热物质”从尿、汗中排泄，从而清火排毒。

（3）定期去除角质。肌肤表面的老化角质会阻碍毛细孔代谢毒素，定期去除角质，可帮助肌肤的代谢机能维持正常运作。

（4）蒸桑拿。每周进行一次蒸汽浴或桑拿也能帮助加快新陈代谢，排毒养颜。蒸桑拿时要注意饮水。浴前喝一杯水可帮助加速排毒，浴后喝一杯水补充水分，同时排出剩下的毒素。

9.春天如何泡“森林浴”？

森林中树木散发出来的芳香空气，具有杀菌作用。春天泡泡森林浴，能培养人体的正气，达到祛病抗邪的目的。

那么，怎样泡森林浴呢？

（1）散步。当我们在步行时，各个关节会自动替自己“加油”，使各机能发挥它的功能，对身体的四肢及五脏六腑等都会自动协调，有韵律地活动着，尤其可以促进细胞的新陈代谢作用。

（2）做体操。在森林中行走、做体操，可以舒展筋骨和肌肉，减缓骨骼的老化过程，从而使人长寿。

（3）推拉运动。用手抓住树木的某个部位，全身随手臂的屈伸做来回运动，可用于治疗腰痛，还能使头、肩、背部得到舒展，消除疲劳。

（4）腹式呼吸。深吸一口气，在15～20秒内将气缓慢全部呼出；用鼻呼吸10～20秒；暂停呼吸5秒钟左右。将上述3个动作连续做10～15次，可以调和五脏六腑。

（5）仰天长啸。在森林中放开喉咙，昂首挺胸，仰望天空，尽情地有节律地发出吼声或呼叫声，每间隔0.5～1分钟吼叫一声，连吼10～20声为一组，每日一次，顿时就会有精神振作、轻松愉快、心平气和、胃口大开。

（6）日光浴。森林中由于枯叶的作用，阳光疏密适中，人体能适当地受到紫外线照射且不会灼伤皮肤，从而增强人的体质。

（7）闭目养神。在森林中闭目养神，忘掉周围一切，在幽静的环境中，使大脑极度放松，可调节人的自律神经系统，对治疗神经衰弱、失眠症等，极为有效。

10.如何摆脱“春困”？

春天气候转暖，是外出踏青的好时节，但是在现实生活中，却有许多人会无精打采，困倦疲乏、昏昏欲睡，这就是人们常说的“春困”。

形成“春困”的原因不是由于睡眠不够，而是体内循环发生季节性的差异所致。

春季气候转暖后，体表毛细血管舒展，末梢血供增多，器官组织负荷加重，因此大脑血供相应减少，脑组织供氧不足，从而就会出现困倦、疲乏、嗜睡等现象。

容易“春困”的人，还常会出现脸色潮红、失眠多梦、好激动、掉发、五心烦热、舌红、少津、脉细数等“阴虚”现象。

因此，养肝滋阴是对付“春困”的有效办法。平时不要过度劳累，应保证睡眠，早卧早起。犯困时，可适当做头部按摩缓解症状。

同时，要多做深呼吸和能增加肺活量的有氧运动，多晒晒太阳，多和大自然接触。

春季应调节情绪，使肝气顺达，气血调畅，不使肝阳上亢。可适当服用西洋参、枫斗或麦冬等养阴保健品调理。并适量进食滋阴的食品，少吃羊肉等温性食物，不吃辛辣、煎炸烤食品、狗肉、酒类、火锅等热性食物。

11. "春捂"有什么讲究?

民间历来就有"春捂"的说法，从中医理论上讲，"春捂"既是顺应阳气生发的养生需要，也是预防疾病的自我保健。

"春捂"易让人忽视的是腿和脚，其实人体下半身的血液循环较差，容易遭风寒侵袭，尤其是抵抗力弱的老人和儿童，受寒后伤肺，易引发感冒、哮喘等疾病。

进入春季，万物复苏，人也要适当增加活动量。春季锻炼要多去户外，但早春时节，身体各器官功能还处在较低水平，此时不宜进行太过激烈、长时间的运动。

一些节奏较慢且运动量不大的户外活动更适于早春，如慢跑、步行、做广播体操、放风筝等。锻炼结束时要立即擦干汗液，以防着凉。

在饮食调整上，多食韭菜和菠菜对身体健康十分有好处。春季是肝旺之时，要少食荤菜和牛羊肉等燥性食物，否则会使肝火更旺，伤及脾胃。此时应多食一些性味甘平的食品，如韭菜等。水果、食用菌、鱼、白菜、大枣、蜂蜜等富含维生素的食物也是春季应该常吃的食品。

另外，"春捂"也要捂对时间，不能一味地捂。"二月休把棉衣撇，三月还有梨花雪"，"吃了端午粽，再把棉衣送"都是比较笼统的时间概念，不够明确。如今，医疗气象学的兴起对春捂有了更科学、更具体的研究。

首先要把握时机。冷空气到来前24～48小时及时做准备。医疗气象学家发现，许多疾病的发病高峰与冷空气南下和降温持续的时间密切相关。比如感冒、消化不良，在冷空气到来之前便捷足先登。而青光眼、心肌梗死、中风等，在冷空气过境时也会增加。因此，捂的最佳时机，应该在气象台预报的冷空气到来之前24～48小时，再晚便是雨后送伞了。

其次要注意气温。15℃是春捂的临界温度。研究表明，对多数老年人或体弱多病而需要春捂的人来说，15℃可以视为捂与不捂的临界温度。也就是说，当气温持续在15℃以上且相对稳定时，就可以不捂了。

再次要小心温差。日夜温差大于8℃是捂的信号。春天的气温，前一天还很温暖，刹那间就可能飘起雪花，面对这种变化多端的天气，日夜温差大于8℃就是该捂的信号。

最后要把握时间。7～14天恰到好处。捂着的衣衫，随着气温回升总要减下来。而减得太快，就可能生病。对此，医学家建议，气温回冷需要加衣御寒，此后即使气温回升了，也得再捂7天左右，体弱者才能适应，减得过快则有可能冻出病。

人体下部的血液循环要比上部差，容易遭到风寒侵袭，因而不能把衣裤鞋袜穿得过于单薄，尤其是老人不要把下身衣服减得太多，还有女性不要过早穿短裙。

春捂重下身，还要加强下身的锻

炼，以促进血液循环。可以采取干洗脚等方法进行锻炼，方法是双手紧抱一侧大腿根，稍用力从大腿根向下按摩直到足踝，再从足踝往回按摩至大腿根。同样方法再按摩另一条腿，重复10～20遍。还可采用甩腿、揉腿肚、扭膝、搓脚、暖足、蹬腿等方法来活动下身以增强抵抗力。

12.夏季养生的原则是什么?

夏季养生注重“滋阴去火”。夏季从立夏至立秋前一日，为农历四、五、六月份。此段时节草木茂盛华美，万物长极，阳气达到鼎盛。从朱丹溪的“阳常有余，阴长不足”论来看，此时阴气相对阳气之鼎盛更为不足。《格至余论》云：“四月属巳，五月属午，为火大旺，火为肺金之夫，火旺则金衰；六月属未，为土大旺，土为水之夫，土旺则水衰。”故夏季应当滋养阴气，以助阳之化生。丹溪翁云：“古人于夏必独宿而淡味，兢兢业业于爱护也。”一些好发于冬天的慢性病，如老慢支等，也常在夏季调养。

在夏季，主要是通过滋阴来达到“去火除烦”的效果。例如在夏季应保证在午夜之前入睡，这是因为晚上11点～凌晨1点是气血回流到肝脏的时间，如果不睡，等于强迫肝脏继续工作，再加上外界气候因素，会导致“肝火旺”，心情更加烦躁。在饮食上夏季应该多喝牛奶，夏饮牛奶不仅不会“上火”，还能解热毒、去肝火。中医就认为牛奶性微寒，可以通过滋阴、解热毒来发挥“去火”功效。而且牛奶中含有多达70%左右的水分，还能补充夏季人体因大量出汗而丢失的水分。需要注意的是不要把牛奶冻成冰块食用，否则很多营养成分都将被破坏。

13.夏日养生应注意什么?

一年四季中，夏季是阳气最盛的季节，气候炎热而生机旺盛。此时是人体新陈代谢旺盛时期，阳气外发，伏阴在内，气血运行亦相应旺盛起来，活跃于机体表面。皮肤毛孔开泄，而使汗液排出，通过出汗调节体温，适应暑热的气候。

中医认为，夏季养生注重“滋阴去火”，那么如何能做到滋阴去火，达到养生的目的呢?具体来说，要注意以下几方面：

（1）晚睡早起。夏季养生要顺应自然界阳盛阴衰的变化。也就是说每天早点起床，以顺应阳气的充盈与盛实；晚些入睡，以顺应阴气的不足。由于夏季晚睡早起，相对睡眠不足，因此夏日午睡是夏季养生健身的重要方法，既能补偿夜间睡眠的不足，更能顺应人体生理特点的养护需要。午睡时间一般以1小时为宜，要注意睡眠姿势，可平卧或侧卧，并在腹部盖上毛巾被，以免胃腹部受寒。

（2）注重调精神。夏季烈日酷暑，腠理张开，汗液外泄，汗为心之液，心气最易耗伤，所谓“壮火食气”。要做到神气调养就必须做到神清气和，快乐欢畅，胸怀宽阔，使心神得养。因此，应多参加一些文娱活动，外出旅游，消夏避暑等，这样既使人心旷神怡，又可锻炼身体。

（3）防晒护肤。夏季阳光照射会对人体产生一系列不良影响，阳光中的紫外线不仅能使皮肤晒黑，而且还导致白内障，晒伤皮肤，引发皮肤癌。此外，长时间在烈日下暴晒易发生中暑。因此夏日外出时要戴遮阳帽、太阳镜，以减少紫外线对皮肤和眼睛的损害。夏天人体容易出汗，应注意选择护肤品。

（4）巧运动。夏天气候炎热，对人体消耗较大，若长时间在阳光下锻炼可能引起中暑，所以，最好在清晨或傍晚天气凉爽时，到公园、河岸、湖边，或庭院，选择合适的项目锻炼，如太极拳、太极剑、广播操、慢跑、散步等。在江河湖海进行游泳锻炼，令人心旷神怡，有利于调节情志，增进健康。

（5）勿贪凉。夏季养生要注意勿贪凉。老年体弱者，阳气不足，如长时间对着电扇吹或久居空调室内，会感到头昏脑涨，四肢疲乏，精神困倦，更容易导致受凉感冒等病症。

（6）防中毒。夏季养生要凉意饮食卫生，防中毒、中暑。盛夏细菌繁殖迅速，70%的食物中毒发生在夏季。老人小孩胃肠功能薄弱，抵抗力差，发病后极易发生脱水而危及生命，故应做好预防工作。

14.夏季养生如何做到健脾益气?

中医学认为，人体五脏之气的衰旺与四时变换相关。夏天中的长夏（阴历6月、阳历7～8月）时期应脾，就是说，此时与人体脾的关系最大。

中医认为长夏属土，人体五脏中的脾也属土；长夏的气候特点是偏湿，“湿”与人体的脾关系最大，所谓“湿气通于脾”，所以，脾应于长夏。因而，长夏是健脾、养脾、治脾的重要时期。

在夏季，我国大部分地区均见持续炎热，雨水偏多，暑湿偏盛，故极易造成脾胃功能下降而厌食困倦。中医认为，夏天人体消耗较大，需要加强脾的“工作”，才能不断地从食物中吸收营养。同时，夏天人们大量食冷饮和瓜果，易损伤脾胃，有很多人容易“苦夏”，表现为不思饮食、乏力。而通过健脾益气则往往能达到开胃增食、振作精神的效果。因此，不仅在酷暑的夏季、乃至日常调理好脾胃功能，对养生防病都很有必要。

针对长夏气候的特点，饮食原则宜清淡，少油腻，以温食为主，可适当食用辣椒，缓解燥湿，增加食欲，也帮助人体排汗；同时，要注意空腹少食生冷，切忌冰箱内食物直接食用；另外，在闷热的环境里增添凉爽舒适感，对于脾保健也有很大好处，但是切忌长时间呆在密不透风的空调房里，这样反而有害健康。

15.夏季如何预防感冒、腹泻、中暑三种病？

感冒、腹泻、中暑是夏季高发的三种常见病。中医称夏季的感冒为热伤风，多由阳气外泄引起。由于夏季人们出汗较多，消耗较大，容易使人体阳气外泄，而且天热了很多人吃饭不规律，造成抵抗力下降，易患感冒。所以夏季人们应多补充营养，多吃一些祛湿防感冒的食品，如绿豆粥。

对于腹泻，中医认为，夏季是阳气最盛的季节，天气炎热很多人都不想吃东西，营养容易缺乏，而且夏天人体出汗多，能量消耗较大，这时如果能量补充不足，加上不少人在夏天有贪凉的习惯，就容易导致腹泻的发生。每天吃饭时可以吃一到两瓣蒜，因为大蒜对于预防急性的肠道传染病是非常有效的。

中暑最常见的是突然头冒冷汗、头晕、恶心甚至呕吐，或者突然的体力不支等症状。下面向大家推荐两道夏季防病菜肴：

（1）苦瓜瘦肉汤。夏季吃苦瓜有清热祛暑，提高免疫力功能，从而可以达到清心火、补肾、预防感冒的目的，而且苦瓜还有明目解毒的作用。

（2）香菇干贝豆腐。香菇中所含不饱和脂肪酸很高，还含有大量的可转变为维生素D的麦角甾醇和菌甾醇，对于增强免疫力和预防感冒有良好效果。香菇中所含香菇太生可预防血管硬化，降低血压。另外，糖尿病病人多吃香菇也能起到一定的食疗作用。

16.夏季如何远离空调病？

夏季外面的气温高，人衣着单薄，进入空调房间后处在低温环境中，生物钟的运转突然发生改变。当冷的感觉传递到大脑体温调节中枢时，大脑便指令皮肤外周血管收缩，分布在全身汗腺减少分泌，以减少热量的散发来保持体温。同时冷的感觉也促使交感神经兴奋，导致分布在腹腔器官上的血管收缩，胃肠蠕动减弱，因而出现了肢体麻木、皮肤干燥、胃肠不适等相应症状。女性更易发生，因为女性对冷的刺激比较敏感。空调病症状，属中医暑湿症。夏天气候炎热，人体腠理开泄，若长时间处在空调环境中，则容易产生空调病。

以下几种措施对防治空调病很有效：

（1）中药芳香化湿，疏理透达。可选用：藿香、厚朴、柴胡、白芍、郁金、佩兰、苏叶、甘草，水煎服，按体质虚实增减其药与量。此外，每日上班前在家里喝一杯姜枣汤（生姜15克，红枣20克，水煮为汤）亦有预防空调病作用。

（2）恒定空调温度。一般室内外温差不超过7℃，在这个温度范围内，人体的温度调节中枢能灵活自如地进行调节，而温差超过了这个幅度，就会出现失调而产生不适。

（3）定时注入新鲜空气。每隔3～4小时，应关闭空调机，打开门窗，让室内空气彻底流通，然后再闭门开机，这样可使空气的质量相对得到改善，从而减少疲劳与头痛的发生。

（4）采取保护措施。适当添加衣服，少穿短裙短裤，关节部位可以酌加毛巾，或在座位底下放个垫子。时间久了要起身走动走动，以增加末梢血管的血液循环。

（5）多喝水。为避免脱水，在空调房内要多喝水。

（6）不要总待在空调室。经常走出空调室，多接受自然界高气温的刺激，能够增强人体的适应能力以及抗病能力。

17.夏季如何灭“火”？

夏季天气炎热，人容易上火，有人认为上火就应该吃清火药，所以一家老少，不管谁上火都用同一个办法，殊不知，不同的人上火原因是不同的，不可一概而论。对症下药才能除病。

（1）孩子易发肺火。夏天，有些孩子动不动就发热，只要着一点凉，体温立刻就会升高，令妈妈们苦恼不已。中医认为，小儿发热多是由于肺卫感受外邪所致。小儿之所以反复受到外邪的侵犯，主要是由于肺卫正气不足，阴阳失于平衡。

（2）老年易发肾阴虚火。夏天阳气旺盛，容易导致老年人肾阴亏虚，从而出现腰膝酸软，心烦，心悸汗出，失眠，入睡困难，同时兼有手足心发热，阳痿，早泄，盗汗，口渴，咽干或口舌糜烂，舌质红，或仅舌尖红，少苔，脉细数，应对症给予滋阴降火中药，如知柏地黄丸等，饮食上应少吃刺激性及不好消化的食物，如糯米、面团等，多吃清淡滋补阴液之品，如龟板胶、六味地黄口服液等，多食富含B族维生素、C族维生素及富含铁的食物，如动物肝、蛋黄、西红柿、胡萝卜、红薯、橘子等。

（3）妇女易发心火。妇女在夏天情绪极不稳定，特别是更年期的妇女，如突受情绪刺激，则会烦躁不安，久久不能入睡。这主要是由于心肾阴阳失调而导致心火亢盛，从而出现失眠多梦，胸中烦热，心悸怔忡，面赤口苦，口舌生疮，潮热盗汗，腰膝酸软，小便短赤疼痛，舌尖红，脉数，应给予中药对证滋阴降火，如枣仁安神丸，二至丸等。多吃酸枣、红枣、百合或者干净的动物胎盘等，可养心肾。

18.秋季养生的原则是什么？

秋季养生注重“阴阳调和”。秋天天气干燥，气候逐渐转凉。此时阳气始消，阴气初长。此时应及时调和阴阳，使之达到最佳状态。秋气肃杀，五行属金，五脏属肺，若阴津不足，肺气不得敛，则易患咳嗽痰喘之症。秋季寒凉，逐日变冷，养生者必须保持足够的阴津，只有阴足，才能阴生阳长，“阴者，藏精而起亟也；阳者，卫外而为固也”。

在秋季，起居作息要相应调整，早睡，以顺应阴精的收藏，以养“收”气。早起，以顺应阳气的舒长，使肺气得以舒展。秋属肺金，主收。酸味收敛补肺，辛味发散泻肺。秋天宜收不宜散，所以，饮食上要尽可能少食葱、姜等辛味之品，适当多食一些酸味、甘润的果蔬。还应注意的是，夏季过后，暑气消退，人们食欲普遍增加，加之秋收食物品种丰盛，此时不宜过多进补。秋季燥邪易伤人，除适当补充一些维生素外，对于确有阴伤之象，表现为口燥咽干、干咳痰少的人，可适当服用沙参、麦冬、百合、杏仁、川贝等，对于缓解秋燥有良效。

19.秋季养生应注意什么？

秋季，是一年中阳气渐收、阴气渐长，碧空如洗、大雁南飞、金风送爽、万物成熟的收获季节。宋代大文豪苏东坡曾作诗赞誉“荷尽已无擎雨盖，菊残犹有傲霜枝，一年好景君须记，正是橙黄橘绿时”。

立秋之后天气由热渐凉，进入了“阳消阴长”的过渡阶段，人体的生理活动要适应自然界阴阳的变化，秋季必须注意保养内守之阴气，凡起居、饮食、精神、运动等方面的调摄皆不能离开“养收”这一原则。

（1）调摄精神，远离悲秋 。进入秋天之后，从“天人相应”来看，肺属金，与秋气相应，肺主气司呼吸，在志为忧。肺气虚者对秋天气候的变化敏感，尤其是一些中老年人目睹秋风冷雨、花木凋零、万物萧条的深秋景况，常在心中引起悲秋、凄凉、垂暮之感，易产生抑郁情绪。

陈直说：“秋时凄风惨雨，草木黄落，年高之人身虽老弱，心亦如壮，秋时思往昔亲朋，动多伤感，季秋之后，水冷草槁，多发宿患。”故秋季养生首先要调摄精神，使人心情愉快，尽享收获硕果的喜悦。正像《素问·四气调神大论》说的：“使志安宁，以缓秋刑。收敛神气，使秋气平。无外其志，使肺气清。此秋气之应，养收之道也。”

因此，我们应有“心无其心，百病不生”健心哲理，养成不以物喜、不为己悲、乐观开朗、宽容豁达、淡泊宁静的性格，收神敛气，保持内心宁静，可减缓秋季肃杀之气对精神的影响，方可适应秋季容平的特征。所以，秋季不妨去野外山乡，登高远眺，饱览大自然秋花烂漫、红叶胜火等胜景，一切忧郁、惆怅顿然若失，愉悦和谐的情绪焕发出青春般的活力。

（2）调和饮食，润肺防燥。过了“秋分”之后，由于雨水逐渐少，空气中的湿度小，秋燥便成了中秋到晚秋的主要气候。秋季又是肺金当令之时，稍有疏忽保健，易被秋燥耗伤津液，引发口干舌燥、咽喉疼痛、肺热咳嗽等症。

饮食养生保健的方法对“秋燥”有很好的预防效果，因此，秋日宜多吃清热生津、养阴润肺的食物，如黄瓜、西红柿、冬瓜、汤、粥等。

（3）健身锻炼动静和谐。金秋时节，天高气爽，是开展各种健身运动的好时期。面对诸多的锻炼项目，应因人而异，如老年人可散步、慢跑、练五禽戏、打太极拳、做健身操、八段锦、自我按摩等；中青年人可跑步、打球、爬山、洗冷水浴、游泳等。在进行“动功”锻炼的同时，可配合“静功”，如六字诀默念呼气练功法、内气功、意守功等，动静结合和谐，动则强身，静则养神，可达到心身康泰之功效。需注意的是，喜爱耐寒锻炼的人，从秋天开始，与天气变化相应相和，循序渐进，持之以恒，才能增强机体对多变气候的适应能力和抵抗力。

（4）早睡早起，以应秋候 。《素问·四气调神大论》说：“秋三月，此谓容平。天气以急，地气以明，早卧早起，与鸡俱兴。使志安宁，以缓秋刑。收敛神气，使秋气平。无外其志，使肺气清。此秋气之应，养收之道也。”这就是说，在秋季三个月，秋风清肃，万物收藏，起居调摄应与气候相适应，才能避免秋天肃杀之气对人体的侵害。

早睡以敛肺气：秋季早睡，正合人体需求，又有安睡的条件，天气凉爽，舒心爽身，经过一个少眠的夏天，正好借此以补偿。秋季早睡，对于人体保健是有好处的，符合“养收之道”的。

早起“使肺气清”：秋季，为肺所主。秋季正是肺气旺盛之时，起来练气功，或是锻炼，都将收到良好的效果。此外秋季早起，可接受大自然给予的美的享受，又有益于健康，获得乐趣。

20.“秋冻”要注意些什么？

人们常说“春捂秋冻”，意思是提醒人们春天棉衣要晚脱一段时间，免得受凉生病；秋天则相反，厚衣服要晚些穿，多经受寒冷的刺激，从而增强机体抵抗力。不过，不同的人群、人体的不同部位，都应区别对待，一味地冻就会把身体冻坏。

首先要因人而异：年轻人血气方刚，对外界寒冷的适应及抵御能力都比较强，可以冻一冻；而老年人大多肾阳衰微，经不起太冷的刺激；还有一部分慢性病患者，如心血管和哮喘病人，他们对寒凉的刺激更加敏感，稍不注意就会引起疾病发作。因此，这些人不仅不能“秋冻”，还应采取一些保暖措施。

其次，对身体的不同部位要区别对待：有4个部位一定要注意保暖。

第一个是腹部，上腹受凉容易引起胃部不适，甚至疼痛，特别是有胃病史的人更要加以注意；下腹受凉对女性伤害大，容易诱发痛经和月经不调等，经期妇女尤其要加以重视。有些女孩爱穿露肚皮的时装，我们建议秋冬季节最好不穿。

第二个是脚部，脚是人体各部位中离心脏最远的地方，血液流经的路程最长，而脚部又汇集了全身的经脉，所以人们常说“脚冷，则冷全身”。全身若

冷，机体抵抗力就会下降，病邪就有可能乘虚而入。

第三个是脖子，这个部位受凉，向下容易引起有肺部症状的感冒；向上则会导致颈部血管收缩，不利于脑部供血。

第四个是双肩，肩关节及其周围组织相对比较脆弱，容易受伤。

最后，要领悟“秋冻”内涵。对于“秋冻”的理解，不应只局限于未寒不忙添衣，还应从广义上去理解，诸如运动锻炼，也要讲求耐寒锻炼，增强机体适应寒冷气候的能力。不同年龄可选择不同的锻炼项目。无论何种活动，都应注意一个“冻”字，切勿搞得大汗淋漓，当周身微热，尚未出汗，即可停止，以保证阴精的内敛，不使阳气外耗。

21.如何预防“秋燥”？

在秋天，人们经常出现皮肤干涩、鼻燥、唇干、头痛、咽干、大便干结等秋燥症状。中医认为，在夏季出汗过多，体液损耗较大，身体各组织都会感觉水分不足，从而导致“秋燥”。预防秋燥，补水当然不可少！

秋季补水，可以从以下几个方面着手：

（1）少言补气。中医认为“形寒饮冷则伤肺”，所以要忌寒凉之饮。“少言”是为了保护肺气，当人每天不停地说话时会伤气，其中最易伤害肺气和心气。补气的方法：西洋参10克、麦冬10克，泡水，代茶饮，每天一次。

（2）注意皮肤保湿。秋天对应人体的肺脏，而肺脏的功能是主管人体皮肤，所以皮肤的好坏与人体肺脏相关。食物以多吃百合为最佳，这是因为百合有润肺止咳、清心安神、补中益气的功能。秋天多风少雨，气候干燥，皮肤更需要保养，多食百合有滋补养颜护肤的作用。但百合因其甘寒质润，凡风寒咳嗽、大便溏泄、脾胃虚弱者忌用。

（3）多吃梨和香蕉。梨肉香甜可口，肥嫩多汁，有清热解毒，润肺生津、止咳化痰等功效，生食、榨汁、炖煮或熬膏，对肺热咳嗽、麻疹及老年咳嗽、支气管炎等症有较好的治疗效果。若与荸荠、蜂蜜、甘蔗等榨汁同服，效果更佳。但梨是寒性水果，对于寒性体质，脾胃虚弱的人应少吃。香蕉有润肠通便、润肺止咳、清热解毒、助消化和健脑的作用。但胃酸过多者不宜吃香蕉，胃痛、消化不良、腹泻者也应少吃。

22.秋季养生有哪些按摩方法?

进入秋季以后，天气逐渐凉爽干燥，一方面使人有秋高气爽的舒适感觉，一方面干燥的气候对人体也会产生一定的危害。在家进行简单的自我按摩，能有效防止“秋燥”对人的侵害。

（1）压揉承浆

承浆穴在下唇凹陷处，以食指用力压揉，口腔内会涌出津液。糖尿病患者用力压揉此处10余次，口渴感即可消失，在不缺水的情况下，可不必反复饮水。这种津液不仅可以预防秋燥，而且含有延缓衰老的腮腺素，可使老人面色红润。

（2）按摩鼻部，以开肺窍

中医认为，肺开窍于鼻。不少人鼻黏膜对冷空气异常敏感，秋天冷风一吹，就会伤风感冒，经久难愈。所以在初秋的时，我们就应坚持用冷水洗脸，并按摩鼻部，这有助于养肺。方法如下：

①摩鼻：将两手拇指外侧相互摩擦，有热感后，用手指在鼻梁、鼻翼两侧上下按摩50次，可增强鼻的抗寒力，亦可治伤风、鼻塞等。

② 浴鼻：每日早、晚将鼻浸于冷水中，闭气不息，换气后再浸入；也可以用毛巾浸冷水后敷于鼻上，坚持至寒冬。

（3）揉腹排便

秋季气候干燥，大便也会干结难排，有许多人甚至数日一解或用药物来维持大便通畅，结果造成习惯性便秘。按摩是一种简单易行的通便方法，这种方法可在晚上睡觉前或清晨起床前进行。具体操作方法是：身体仰卧，先将两手掌心摩擦至热，然后两手叠放在右下腹部，按顺时针方向按摩，共按摩30圈。

（4）咀嚼鼓漱

晨起和睡前，做上下腭运动。然后闭嘴，舌抵上腭，鼓漱100次，使津液满口，徐徐咽下。咀嚼时，胃肠血流量增加，可抵御秋季凉气对胃肠的损伤。

23.秋天如何预防“五更泻”？

进入秋天，天气逐渐转凉，因季节转换和昼夜温差带来的疾病逐渐增多，在这个时节尤其要预防“五更泻”的发生。

“五更泻”是指发生在黎明时分的腹泻。其主要症状是黎明的时候，肚脐周围发生疼痛，肠鸣即泻，泻后则安。中医认为这种慢性腹泻多是肾阳虚的一种表现，所以有“肾泻”之称。

“五更泻”多发于中老年人，主要是肾阳虚衰，命门之火不能温煦脾土，即不能帮助脾胃消化吸收，运化失常就会出现泄泻。五更时分正当阴气最盛、阳气未复之际，在这种特定环境下，虚者愈虚，因而形成了“五更泻”。若夜晚盖不好肚腹，使之受寒凉所袭，更易发生。

要预防“五更泻”的发生，平时应注意以下几个方面：

（1）注意保暖。由于老年人自身调节功能下降，在季节变换时要当心着凉，注意腹部及下肢的保暖。

（2）饮食要规律。饮食以清淡、易消化、少油腻为原则，避免因无规律饮食而致肠道功能紊乱。

（3）讲究饮食卫生。不吃生冷不洁食物，避免诱发或加重腹泻。

（4）要保持良好的心理状态。心胸宽广，情绪乐观，性格开朗，遇事豁达。平常要注意加强锻炼，如散步、慢跑、打太极拳等，以增强体质。

24.秋日进补应注意什么?

经过炎热的夏天，机体的耗损非常大，所以当凉爽的秋天来临的时候，人们都会利用各种方法来调补身体，但是我们在进补时一定要讲究科学，以免适得其反。

有的人认为，所谓补就是吃补药、补品，所以这类人不管自己的身体是什么情况，就把许多补药补品，如人参、鹿茸等集中起来突击食用，并称之为“大补”。

有的人则认为，夏天天气热，人们不思饮食，所以现在应该好好地吃几顿，把夏天的损失补回来，称之为“贴秋膘”。

其实，这些补法都是不科学的，不但浪费财力物力，还对健康无益，甚至可能有损脾胃。

因为夏天气温高，所以人们胃肠功能普遍不好，多不思饮食，因此，日常中吃的大多是瓜果、粥类、汤类等清淡和易消化食品，脾胃活动功能亦减弱，秋凉后如果马上吃进大量猪、牛、羊、鸡等炖品，或其他一些难以消化的补品，就会加重脾胃的负担，甚至损害其正常消化功能。

这就好像跑步一样，我们必须要先经过慢跑后才能逐渐加快，如果一下吃进大量难以消化的补品，胃肠势必马上加紧工作，才能赶上这突然的需要，势必会造成胃肠功能紊乱，无法消化，营养物质不但不能被人体所吸收利用，甚至还会引起疾病。

25.冬季养生的原则是什么?

冬季养生十分注重“固藏为本”。冬季是万物收藏的季节，阳气闭藏，阴寒盛极。养生活动应注意敛阳护阴，养藏为本。

朱震亨于《格至余论》中说：“十月属亥，十一月属子，正火气潜伏闭藏，以养其本然之真，而为来春发生升动之本。”《黄帝内经》云：“冬不藏精者，春必病温。”

在冬季，应当重视保持精神上的安静，在神藏于内时还要学会及时调摄不良情绪，当处于紧张、激动、焦虑、抑郁等状态时，应尽快恢复心理平静。

冬季饮食养生的基本原则应该是以“藏热量”为主，因此，冬季宜多食的食物有羊肉、狗肉、鹅肉、鸭肉、萝卜、核桃、栗子、白薯等。同时，还要遵循“少食咸，多食苦”的原则：冬季为肾经旺盛之时，而肾主咸，心主苦，当咸味吃多了，就会使本来就偏亢的肾水更亢，从而使心阳的力量减弱。

所以，应多食些苦味的食物，以助心阳。冬季饮食切忌黏硬、生冷食物，因为此类食物属“饮”，易使脾胃之阳气受损。

26.冬季养生应注意什么？

冬三月草木凋零、冰冻虫伏，是自然界万物闭藏的季节，人的阳气也要潜藏于内。因此，冬季养生的基本原则也当讲“藏”。由于人体阳气闭藏后，人体新陈代谢相应降低，因而要依靠生命的原动力——“肾”来发挥作用，以保证生命活动适应自然界变化。冬季时节，肾脏机能正常，则可调节机体适应严冬的变化，否则，即会使新陈代谢失调而产生疾病。因此，冬季养生重要的一点是“养肾防寒”。以下几点是贯彻这一原则的要点：

（1）调养情志、动静有度

祖国医学认为，肾主水，藏精，在志为惊与恐，与冬令之气相应。《黄帝内经·素问·六节脏象论》说：“肾者主蛰，封藏之本，精之处也。”心主火，藏神，只有水火相济，心肾相交，方可神清心宁。因此，在冬月闭藏之时，应调养心肾，以保精养神。《素问·四气调神大论》指出：“使志若伏若匿，若有私意，若已有得。”就是要人们避免各种干扰刺激，处于淡泊宁静状态，方可使心神安静自如，含而不露，秘而不宣，给人以愉悦之美。由于冬季朔风凛冽，阴雪纷纷，易扰乱人体阳气，变得委靡不振。现代医学研究表明，冬天易引发抑郁症，使人情绪低落，抑郁寡欢，懒得动弹。这就要求在情志养生方面，应做到：在风和日丽的天气到外面晒太阳，坚持适度锻炼和参加丰富多彩的娱乐活动，注意动静结合，动可健身，静可养神，体健神旺，可一扫暮气，精神振奋，充满朝气。

（2）起居有常、心身安康

冬三月，应以敛阳护阴，养“藏”为原则。《素问·四气调神大论》指出：“早卧晚起，必待日光。”清代石成金在《养生镜》中告诫人们：“冬三月乃水藏闭涩之时，最宜固守元阳，以养真气。”这就要求在起居方面，做到作息有时以顺乎自然规律。早睡以养人体阳气，待日出后起床以养阴气，有利于人体“阴平阳秘，精神乃治”。在穿戴睡卧上要注意防寒保暖，张仲景在《金匮要略》中有“冬衣伸足卧，则一身俱暖”的名言，穿的内衣、棉袄、棉裤以纯棉布为宜，和暖贴身，再套上外衣，可抵御寒冷；冬季手脚易冻，外出要戴手套；鞋袜宜保暖透气、吸湿性好，鞋底要防滑，脚暖则一身皆暖和舒畅。冬季北方多睡火炕，近些年来用电热毯者日益增多，无论采取哪种，以温度适宜为好。同样，无论是用火炉、暖气或空调，室温宜18～20℃，切忌温度过高，以免内扰阳气，使之外泄，或积热于内，形成阴虚火旺，痰热淤血，至春就会发温病、时病，或诱发宿疾复来。此外，冬令养生要特别注意节制房事，以固护阴精。

（3）冬练三九、筋骨强健

“冬练三九”，是我国劳动人民在长期的锻炼中总结出来的宝贵经验。俗话说：“冬天动一动，少生一场病；冬天懒一懒，多喝药一碗。”实践证明，冬天怕冷，终日紧闭门窗，恋床、睡懒觉，或在空气污染的室内通宵打麻将、玩扑克，极易导致体质迅速衰退，抵抗力下降，易患感染性疾病。而长期坚持冬季锻炼的人，耐寒力强，不易患感冒、支气管炎、肺炎、冻疮等病，也是预防中老年人骨质疏松的良方。

冬季锻炼，要因人因地制宜，如身体较弱的中老年人或有慢性病不宜外出者，可在室内锻炼，做强身按摩、导引、练气功、保健功、在阳台上打太极拳等；凡是身体好者都应积极到户外锻炼，如长跑、竞走、武术、滑冰、滑雪、做健身操、打球、冬泳等。少年儿童可选择跳绳、踢毽、跳橡皮筋、做游戏等。特别值得一提的是冬泳，这是一项融空气浴、日光浴、冷水浴为一体的锻炼方式，当肌肤受到冷空气、冷水的刺激后，会急剧地收缩，随后又扩张，皮肤变得潮红。请莫小觑这一现象，它是极好的血管体操，对改善和增强血管的弹性，促进血液循环，保护心血管健康大有裨益；能提高中枢神经系统对体温的调节功能，抵御寒冷的侵袭；还可使造血机能得到加强，预防贫血，增强机体的抗病能力。

锻炼时要注重自我保健，冬天早晨外出锻炼，以太阳出升后为宜；不要在寒潮过境时的大风、雨雪、大雾中锻炼。冬季锻炼要注意预防感冒、冻伤，尤其是中老年人、儿童不要在冰雪路滑的场地上跑步、玩耍，以免摔伤和发生骨折。

（4）科学饮食、正确进补

冬季饮食上应以保阴潜阳为原则。元代营养学家忽思慧在《饮膳正要》中指出冬气寒，宜食以热性治其寒。主张进热食，并给予温补阳气类膳食，故多选用羊肉、狗肉、虾、韭菜、麻雀蛋、木耳、龟等食物。不可食用生冷食物，宜食用菠菜、豆芽等新鲜蔬菜。冬季饮食宜少咸增苦，以养心气。因为冬季肾水正旺，咸属水，心属火，多食咸味则助水克火，令心受病。心属苦味，多食苦味之品，以保心肾相交。

冬是肾主令之时，要顺应肾主闭藏，藏精及冬至后阳气萌生的自然规律，适度地冬令进补，可滋养五脏，扶正固本，培育元气，以促使体内阳气的升发，增强抵抗力，起到预防开春瘟疫流行的作用。

进补者应根据机体的阴阳盛衰、虚实寒热，因人而补。如偏于阳虚者，以羊肉、鸡肉等温热食物为宜，可起到温中益气、补精填髓之功效。偏阴虚者，以食鸭肉、鹅肉为好。鸭肉性甘寒、有益阴养胃、补肾消肿、化痰止咳作用。鹅肉性味甘平，鲜嫩松软，清香不腻。

27.为什么冬季要强调和太阳一起起床？

传统养生学强调，人体要“顺应自然”，即人生于天地之间，其生命活动要与大自然的变化相一致，并根据四季气候变化改变日常的生活规律。

《黄帝内经》中说：“冬三月，此谓闭藏”，“早卧晚起，必待日光”。也就是说，从自然界万物生长规律来看，冬季是一年中的闭藏的季节，人体新陈代谢相对缓慢，阴精阳气均处于藏伏之中，机体表现为“内动外静”的状态，此时应注意保存阳气，养精蓄锐。尤其是老年人一般气血虚衰，冬季的起居更应早睡晚起，避寒就暖，绝不提倡“闻鸡起舞”，而应该和太阳一起起床。

在冬季，老年人可根据自己的体质、爱好，安排一些安静闲逸的活动，如养鸟、养鱼、养花，或练习书法、绘画、棋艺等。如果进行室外锻炼，运动量应由小到大，逐渐增加，以感到身体热量外泄微汗为宜。恰当的运动会让人感到全身轻松舒畅，精力旺盛，体力和脑力功能增强，食欲、睡眠良好。

28.冬季养生有哪些按摩法?

（1）搓鼻法。将两手拇指外侧相互摩擦，有热感后，用拇指外侧沿鼻梁、鼻翼两侧上下按摩30次，然后按摩鼻翼两侧的迎香穴（位于鼻唇沟内，横平鼻翼外缘中点）15～20次。每天摩鼻1～2遍，可增强鼻的耐寒能力，亦可治伤风、鼻塞不通。

（2）摩颈法。上身端直，坐立均可，仰头，颈部伸直，用手沿咽喉部向下按摩，直至胸部。双手交替按摩20次为1遍，可连续做2～3遍。注意，按摩时拇指与其他四指张开，虎口对着咽喉部，自颏下向下按搓，可适当用力。这种方法可以利咽喉，止咳化痰。

（3）按摩大椎法。两手搓热后轮流搓大椎（第七颈椎棘突下），冬季可每天早起后搓大椎，较冷时出门前也要搓热大椎，对防治感冒方便又有效。

（4）捶背端坐法。腰背自然直立，双目微闭，放松，两手握拳，反捶脊背中央及两侧，各捶3～5遍。捶背时要闭气不息。同时，叩齿3～10次，并缓缓吞咽津液数次。捶背时要从下向上，再从上到下，沿背捶打，这种方法可以畅胸中之气，通脊背经脉，预防感冒。同时，有健肺养肺之功效。

第六章

方术养生

五运六气

第一节 气功养生法

我国古代讲究养生的人，大都特别注重气的因素，所以古时人们称养生家为炼气士。道家气功细致、精深且自然。气功对学者的年龄、体质没有限制，任何人都可以通过实践达到养生的目的。

1.什么是小周天功?

所谓小周天功是指练功者体内生成和聚集的真气冲关破隘，达到沿督脉、任脉运行，从而祛病健身的功法。在人体的经络中，督脉、任脉是最主要，也是脉道最宽阔的两条经脉。督脉总督一身阳经，俗称“阳脉之海”；任脉总任一身阴经，俗称“阴脉之海”。督脉较长，且两端回弯，呈环抱任脉之势。督脉和任脉之间的沟通协调水平，在很大程度上决定着人体的阴阳平衡和健康水平。

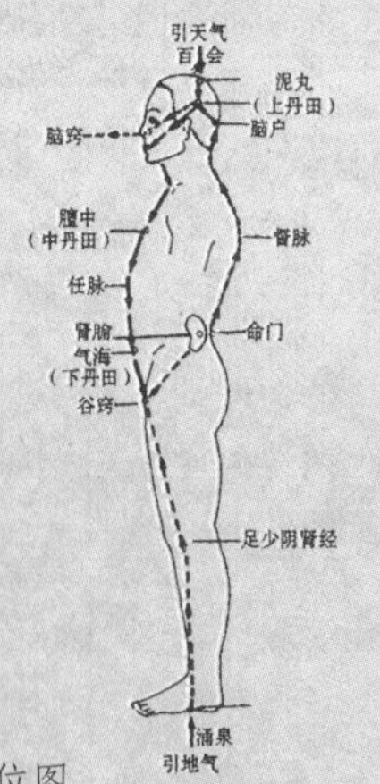

脑引功小周天穴位图

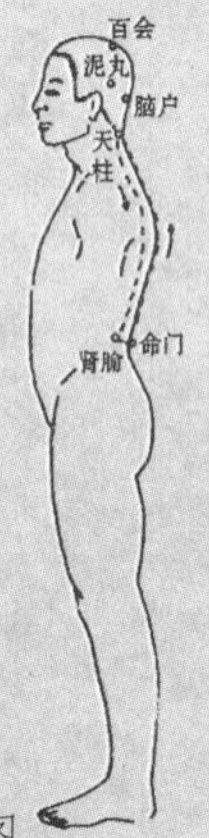

脑气功小周天导引穴位图

2.小周天功的预备式是什么?

两脚开立，大于肩宽的两倍，两膝弯曲，坐胯松腰，成马步蹲桩。同时两臂从体侧缓缓上举，手心向上，直臂举至头顶上方时，反掌相合，慢慢下落，合掌当胸，略停片刻。（如图1）

按小指、无名指、中指、食指、拇

指的顺序逐对分开，双手放下，垂于体侧，并步直立，松静站好。（如图2）

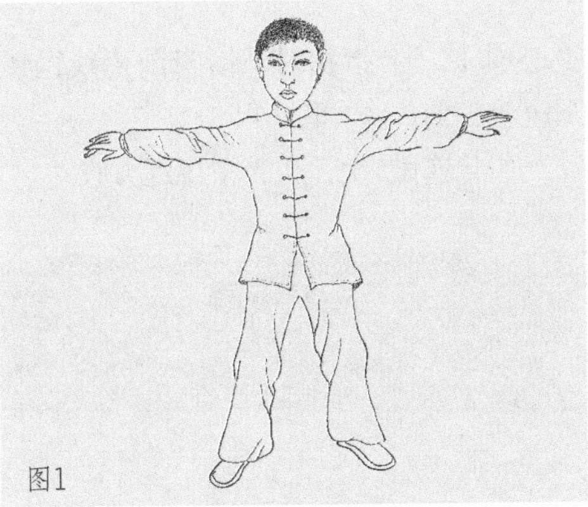

图1

图2

3.小周天功的正功要诀是什么？

两脚分开，与肩同宽。两手从体两侧向上平举，至与肩水平的位置。上举时手心向下。（如图3）

转腕，手心向前，呈弧形向胸前合拢，至中指相接。其余指头放松伸直，目光注视中指相接处。（如图4）

两掌拉开，手势不变，两中指相距15厘米左右。（如图5）

连续、均匀、缓慢地使两手打开又靠拢，中指拉开又碰上。

图3

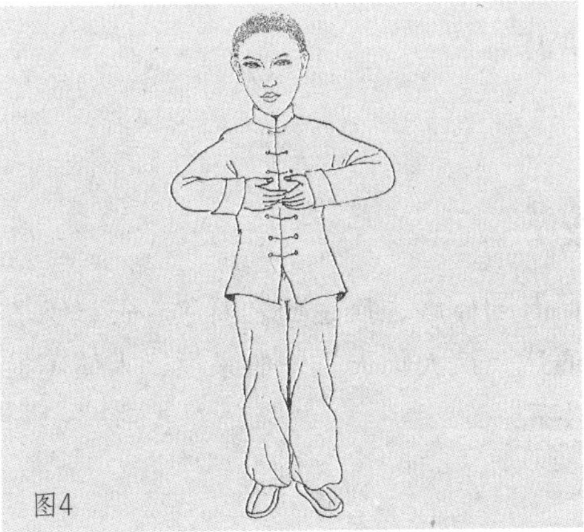

图4

图5

4.小周天功的收势怎么实行?

两手合掌，松静站立。（如图6）

半分钟后，两手分开侧平举，手心向上，缓缓向上环抱，至头顶时垂腕，手心向下，十指相对，沿身前中线慢慢下压至腹前。（如图7）

如此连做3次，目光平视远方收功。

图6

图7

5.练习小周天功时有什么注意事项?

初练者一般开合20次左右，气就在小周天运行一遍，优者开合8次左右运行一遍。从未练过气功者练习此功时，可能出现命门发胀、头顶加压重物，或胸发闷等情况。这是正常现象，只要坚持练习，很快就会消失。出现胸闷时，可掐中指靠指尖一节横纹处，意想涌泉，胸闷就会消失。至于出现身体摇晃、两手似有吸力、指泛虚光等情况，这些都是气机开动的表现，应顺其自然，不必担忧。

6.大周天功有何健身功效?

大周天是在小周天的基础上形成的，其目的是炼气化神。大周天形成后十二经脉俱通，五脏六腑之经气旺盛，原有的体虚之疾患随之而愈。每日练功通达一次大周天，一般来说，人体不易生病。

7.大周天功的正功要诀是什么？

两脚分开，松静站立。两手抬起，手心向上，高与脐平。肘自然靠在两腰旁，注意不要露出后腰。缓慢进行深呼吸，吸气时想涌泉穴，呼气时想劳宫穴。初练者深呼吸九次左右，气就可走一遍大周天，优者四五次即可。

8.大周天功的收势怎么实行？

两手合掌，松静站立。半分钟后，两手分开侧平举，手心向上，缓缓向上环抱，至头顶时垂腕，手心向下，十指相对，沿身前中线慢慢下压至腹前。

如此连做3次，目光平视远方收功。

9.练习大周天功时有什么注意事项？

习练此功者会感到涌泉像吸进什么东西似的，内劳宫发胀，身体摇晃，这些为正常现象，不必管它。如感觉原有的疾病仿佛重了一些，这是气功练习中的负反馈现象，千万不要管它，继续练习就会好的。

10.意气功有哪些步骤？

①闭眼，放松全身关节，合口用鼻做深呼吸3次。吸气要缓慢而深长，直达脐下丹田，稍停再慢慢呼出。

②睁开眼，目光平视，不各处乱看，不强辨物形，做到“视而不见”。

③口自然闭合，舌尖向上轻抵上腭。这样可以调节呼吸，增加津液。

④调整呼吸，把思想集中在心窝（两乳中间微向下有凹窝处），用意念聚气成球，听候运用。（从准备到此节功，共需2分钟）

11.气功调整呼吸时有哪些注意事项？

这一阶段最重要，一要调匀呼吸，二要集中思想，三要以意念聚气成球。初学者对于这些要求常不知道从何下手，往往顾此失彼，甚至全失。调整呼吸时必须先放松全身关节，目内视心窝，调匀呼吸，然后再集中思想聚气成球。这样反复锻炼，等练到呼吸能深长匀细，意念一到心窝，气即聚集成球，便达到了入静标准。初学者应熟记此入静的感性标准。

12.导引法怎样实施？

正坐，两手如托石状上举，引动胁肋15次。亦可曲肘，手按两膝，左右交替转身各15次。亦可两足交替前后空踏数十次。

本功法可治相应脏腑系统的有关疾病。作为防病之法，可按阴历月份进行相应的导引法，即春三月做肝脏导引法，4月、5月做心脏导引法，6月及四季最后18日做脾脏导引法，秋三月作肺脏导引法，冬三月做肾脏导引法。

13.什么是龟蛇气功？

龟蛇气功属吐纳兼导引的养生功法。本功法效仿蛇身活动，骨关节灵通，盘旋屈伸，俯仰吞吐，伸缩自如，性动而善导引行气；仿龟能食气耐饥、冬眠长寿、性静而善行气导引的特点，能降低消耗，提高有效呼吸率，调动体内脏腑组织器官的潜力，从而达到防治疾病、延年益寿的目的。此功对肺部、脊椎、关节等疾病有一定疗效。

14.龟蛇气功的站式功法有哪些步骤？

本功法按调身要求不同，分为站、卧、坐三式。现举站式步骤如下：

（1）龟蛇合气

自然站桩，自然缓慢呼吸，目轻闭，垂帘。先进行前后左右及正中线的全身放松；然后，内观泥丸，意气下行，依次内观咽喉、心田、胃、脐精，渐至不求而得，从容入静；最后把气球由心窝向上运行到咽喉，经过上腭，绕出上唇到人中，再向上行，经过鼻梁、上额、头顶，经脑后，顺脊椎向下行，到腰间，经尾闾到前阴与后阴之间的肾根会阴穴。

由心窝开始运行气球，初学者不易指挥如意，必须耐心摸索。初学者可首先保持呼吸匀整自然，集中意想，然后由心窝运行气球向上行到咽喉、心田、胃、脐后、肾前、会阴，循两腿内侧达涌泉，重复几遍。

（2）二龙戏珠

全身放松，右手按于脐部，左手按于右手背上，顺时针方向揉腹若干次，意念轻轻灌住所按之处，然后逆时针运转若干次。

（3）左右浪动

两手沿带脉向后分开至腰肾，身躯左右摆动，腰向左侧弯时，右手上搓，左手下搓。先以两掌上下搓动若干次，接着以拳眼侧上下搓动若干次，再以手背上下搓动若干次，最后仍恢复掌搓。

（4）摇动摆尾

①吊腰旋臀：两脚平行开立，与肩同宽，拇指朝前，两手呈叉腰状，膝胯微屈，腰部极度放松，旋臀。先顺时针

回旋转动若干次，再逆时针转动若干次。

②风摆荷叶：腰臀做大幅度顺逆时针回旋若干次。

③摇头摆尾：头、颈、腰、背等同时做顺、逆时针回旋若干次。

（5）前后浪动

即全身节节贯穿地浪动。两脚平行开立，与肩同宽，用鼻呼吸，口似闭未闭，似张未张，舌轻舐上齿龈，下颌微前伸，同时上体呈鞠躬样前俯，腿似直非直，身体微下蹲，收下颌，依次屈伸踝、膝、髋、腰、胸、颈各关节。前俯时两臂同时自然前摆，仰面时两臂同时自然后摆。

（6）玄蛇盘树

①左手掌心朝外，从后面绕至右侧腰部，右手从体侧上举过头，然后屈肘贴枕部抱头，手指压拉左耳，右腋张开。同时，头、颈、腰、脊拧转向左后方，眼看右脚跟。

②拧身复正，侧头上观，舌尖轻舐上腭，身直气静，右手从脑后过头顶经面前徐徐下按，气血随之下沉丹田，恢复龟蛇合气势。

（7）白蛇吐信

左虚步，左手自下向前弧形前探，高与肩平，掌心朝下；右手自下沿右胸上至乳上方，掌心斜朝外，五指朝下。接着右手沿胸壁下至小腹过毛际，虎口向小腹，五指向下；左手同时下至右手背上，掌心朝外，五指斜向下。如上左右交替若干次，再换右虚步练习。

（8）金蛇缠绕

①平圈（半圈）：两脚平行开立，略宽于肩，右手叉腰，拧腰呈右侧弓步，同时左手呈仰掌向右侧平探，拧腰向左呈左弓步，同时左掌于身前划半围呈左平举，掌心朝上。

②立圈（1圈）：左掌经左上到右上，呈右侧弓步，左掌向右下划弧，右腿屈膝呈扑步，左掌继续沿左腿经左下方向左方平探，掌心向上，呈左侧弓步。

③斜圈（1圈半）：左手掌心向上呈仰掌，顺时针旋腰1圈半，呈右侧弓步。上体前俯时手臂运转与膝平，后仰时略高于头。

④肘圈后探：腰向左拧转，同时屈左肘，左手与脐平，沿腰向左后探出，掌心仍朝上。

⑤螺旋圈：拧腰向右，左手经左下向右上划弧至右额前上方时微屈，小臂在头上方旋转1小圈至左额前，展肘仰掌旋向右胸前，然后呈叉腰状或仰掌置于左腰侧。

⑥～⑩动作与①～⑤同，唯左右相反。

（9）灵龟戏水

两脚平行开立，略宽于肩，两膝微屈，两手交替做划水状圆圈。右手划时腰向右微拧，左手划时则左拧。在上方划时身躯下缩，呈对拔拉长状，膝胯屈曲较深，下方划时则上开，也呈对拔拉长状。

（10）神龟服气

马步站式，两脚分开约3脚长，两掌重叠置小腹，自然缓慢呼吸3～5次，如龟子海中憋息。呼气将完时，上体浑浑前俯，头部低于两膝，呼出肺之余气。接着头勺舀水似前伸，吸气，上体徐徐抬起恢复原式，然后鼓嘴唇，长呼气。反复俯身9次，渐增至36次。

15.观鼻功如何实施？

全身放松，心气平和，思想集中，两手食指轻搭在鼻尖上，拇指轻轻扣住下巴，其余3指自然合拢，凝神，观鼻尖上食指2～3秒钟，然后远望20米外的一个小目标，尽力看至清楚为止，接着目力收回仍观鼻尖。如此来回3～5趟为1次，休息1分钟，再如上法进行，共3次。同时配合深长呼吸，但不要过于强迫。

观指尖时不要太久，否则容易产生眼胀现象。开始时，可能观看手指模糊不清，练久后自能逐渐看清。此功法可随时随地进行，可消除视疲劳，使眼睛增明，改善视力，但必须持之以恒。随着时间增长，每次做完，鼻尖有酥麻感。

16.什么是内养功？

内养功，是以默念字句与呼吸锻炼相结合的一种功法。该功法配合意守，侧重呼吸锻炼，通过意守和呼吸锻炼，达到大脑静、脏腑动的目的。它对神经、循环、内脏，尤其是对消化系统和呼吸系统功能活动有很好的调整作用。内养功强调默念字句、腹式呼吸、舌体起落、意守丹田等，具有大脑静、脏腑动的特点。

17.内养功有哪些练功姿势及功法？

内养功的练功姿势常有仰卧式、侧卧式、端坐式、盘腿四种。一般初学者以卧式为宜，坐式、站式可用于后期。

仰卧式，即平身仰卧床上，躯干正直，两臂自然舒伸，置于身体两侧，十指松展，掌心向上，下肢自然伸直，脚跟相靠，足尖自然分开。

侧卧式，即侧卧于床上，头微前俯，脊柱微向后弓，呈含胸拔背之势。右侧卧时，则右上肢自然弯曲，五指舒展，掌心向上，置于耳前；左上肢自然伸直，五指伸开，掌心向下，放于同侧髋部；右下肢自然伸直；左下肢膝关节屈曲为120度；膝部轻放于右下肢膝部上；双目微闭，以便意念集中。若为左侧位，四肢体位与上相反。

坐式，即端坐于椅上，头微前俯，含胸拔背，松肩垂肘，十指舒展，掌心向下，轻放于大腿膝部，两腿平行分开，与肩同宽，小腿与地面垂直，膝关节屈曲90度，目微闭。

意守法，指练功时将意念集中于身体某一特定部位的功法。内养功最常用的是意守“丹田”。经过一段时间后，吸气时好像有气入小腹的感觉，即所谓“气贯丹田”，这是意守的理想境界。

18.什么是意定派功法?

意定派功法是强调以意守为主进行锻炼的功法流派，目的是为了提高人的精神力量，古代的禅定、面壁、数息等均属意定派功法。

意定是通过以一念代万念的调心技术的训练和运用，提高人体的入静能力和意念控制能力，从而放松心身，治疗疾病。根据意守目标的不同，意定派功法又可分为内意守、外意守和信号意守三类功法。

内意守功法：主要把意念放在身体的某一点、某一部位、某一脏腑或某一穴位，如意守丹田、意守涌泉等，从而调整机体的功能。意守部位不同，对机体产生的调整作用也不同。这类功法在医疗气功的临床应用中较为普遍。

外意守功法：主要把意念放在身体以外的某一目标，如花朵、树木、水晶球、自然景色等，对提高意念的控制能力较为有效，但训练难度亦高。

信号意守功法：主要把意念集中于一段语言文字或音节上，利用人类语言的各种特定内涵来进行良性诱导，加强意守效果，从而达到强身与治病的目的。如数息法、内养功默念字句法等即属于此。

第二节 动功养生法

道家动功养生法是将肢体运动与服气、吐纳、推拿按摩相结合，并参照动物运动而创造出的养生术。它一方面继承了道家导引术的传统，模仿动物的运动锻炼身体，另一方面又与传统医学相结合。

1.什么是华佗五禽戏?

华佗五禽戏是以模仿动物动作和神态为主要内容的组合动功。“五”是一个约数，并非限于五种功式；“禽”指禽兽，古代泛指动物；“戏”在古代是指歌舞杂技之类的活动，在此指特殊的运动方式。本法之起源可上溯至先秦，如《庄子》中有“熊经鸟伸，为寿而已矣”等记载，可见当时已有多种模仿动物形神的导引图文。具体将“五禽戏”整理总结并作为一套功法推广者，是汉末三国时期的著名医家华佗，只是有关“华佗五禽戏”的原始文字早已遗失，唯存一些零星的史籍记载。目前所能见到的较早载录“五禽戏”具体练法的文献，是南北朝时陶弘景所编撰的《养性延命录》。后世医家、养生家因师传之变异，或根据“五禽戏”基本原理不断发展变化，创编了数以百计的“五禽戏”套路。虽然各法动作互异，锻炼重点有所不同，但其基本精神则大同小异。

2.五禽戏如何操练?

《养性延命录》所载“五禽戏”的具体练法为：

虎戏：自然站式，俯身，两手按地，用力使身躯前耸并配合吸气，当前耸至极后稍停，然后，身躯后缩并呼气，如此3次。继而两手先左后右向前挪移，同时两脚向后退移，以极力拉伸腰身，接着抬头面朝天，再低头向前平视，最后，如虎行走般以四肢前爬7步，后退7步。

鹿戏：自然站式，俯身，两手按地，吸气，头颈向左转，双目向左侧后视，当左转至极后稍停，呼气，头颈回转，当转至面朝地时再吸气，并继续向右转，一如前法。如此左转3次，右转2次，最后回复起势。然后，抬左腿向后挺伸，稍停后放下左腿，抬右腿如法挺伸。如此左腿后伸3次，右腿2次。

熊戏：仰卧式，两腿屈膝拱起，两脚离床席，两手抱膝下，头颈用力向上，使肩背离开床席，略停，以左肩侧滚落床席，当左肩一触及床席立即复头颈用力向上，肩离床席，略停后再以右肩侧滚落，复起。如此左右交替各7次，然后起身，两脚着床席成蹲式，两手分按同侧脚旁床席，如熊行走般，抬左脚，右手掌离床席，当左脚、右手掌回落后即抬起右脚和左手掌。如此左右交替，身躯亦随之左右摆动，片刻而止。

猿戏：择一牢固横竿（如单杠、门框、树杈等），略高于自身，站立手指可触及的高度，如猿攀物般以双手抓握横竿，使两脚悬空，做引体向上7次。接着先以左脚背勾住横竿，放下两手，头身随之向下倒悬，略停后换右脚如法勾竿倒悬，如此左右交替各7次。

鸟戏：自然站式，吸气时跷起左

虎戏

鹿戏

熊戏

猿戏

鸟戏

腿，两臂侧平举，扬起眉毛，鼓足气力，如鸟展翅欲飞状；呼气时，左腿回落地面，两臂回落腿侧。接着，跷右腿如法操作。如此左右交替各7次，然后坐下，屈右腿，两手抱右腿膝下，拉腿膝近胸，稍停后两手换抱左膝下如法操作。如此左右交替亦7次，最后，两臂如鸟理翅般伸缩各7次。

本法操练时宜尽力而为，以出汗为度。

3.什么是八段锦功法？

八段锦功法是我国民间广泛流传的一种健身术，早在南宋时期，即已有《八段锦》专著。明代以后，在有关养生专著中，也多有记载，如冷谦的《修龄要旨》、高濂的《遵生八笺》等书中，都有八段锦的内容。清代的潘霞在其所著的《卫生要求》中，将八段锦略加改编为“十二段锦”。此外，尚有“文八段”（坐式）和“武八段”（立式）等不同形式。为了便于推广流传，还有人将其编成歌诀。由于八段锦不受环境场地限制，随时随地可做，术式简单，易记易学，运动量适中，老少皆宜，且强身益寿作用显著，故一直流传至今，至今仍是广大群众所喜爱的健身方法。

（1）养生机理

八段锦功法属于古代导引法的一种，是形体活动与呼吸运动相结合的健身法，由八种不同的动作（八段）组成。活动肢体可以舒展筋骨、疏通经络；与呼吸相合，则可行气活血、周流营卫、斡旋气机。

八段锦歌诀为：

双手托天理三焦，左右开弓似射雕；

调理脾胃单举手，五劳七伤往后瞧；

摇头摆尾去心火，两手攀足固肾腰；

攒拳怒目增气力，背后七颠百病消。

（见下页图）

八段锦对人体的养生康复作用，从其歌诀中即可看出。例如，“两手托天理三焦”，即说双手托天的动作，对调理三焦功能是有益的。两手托天，全身伸展，又伴随深呼吸，一则有助于三焦气机运化，二则对内脏亦有按摩、调节作用，起到通经脉、调气血、养脏腑的效果。同时，对腰背、骨骼也有良好作用。其他诸如“调理脾胃单举手”“摇头摆尾去心火”等，均是通过宣畅气血、展舒筋骸而达到养生的目的。八段锦的每一段都有锻炼的重点，而综合起来，则是对五官、头颈、躯干、四肢、腰、腹等全身各部位进行锻炼，对相应的内脏以及气血、经络起到保健、调理作用，是机体全面调养的健身功法。

（2）练功要领

①呼吸均匀：自然、平稳、腹式呼吸。

②意守丹田：精神放松，注意力集中于脐。

③柔刚结合：全身放松，用力轻缓，切不可用僵力。

第一段：
双手托天理三焦。

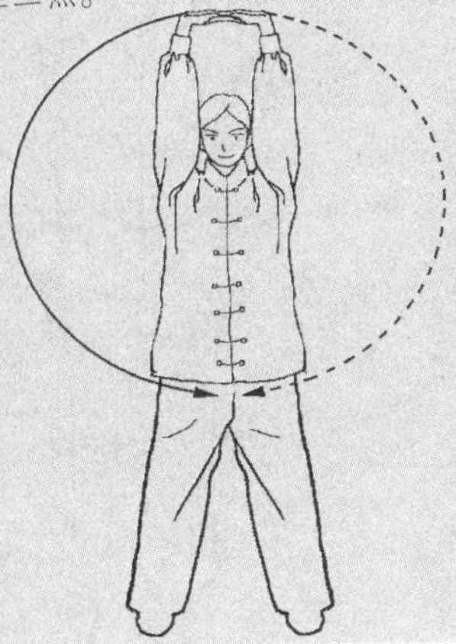

第二段：
左右开引似射雕。

第三段：
调理脾胃单举手。

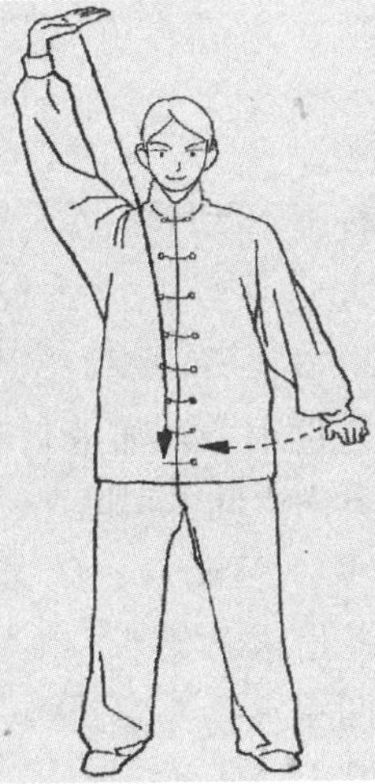

第四段：
五劳七伤往后瞧。

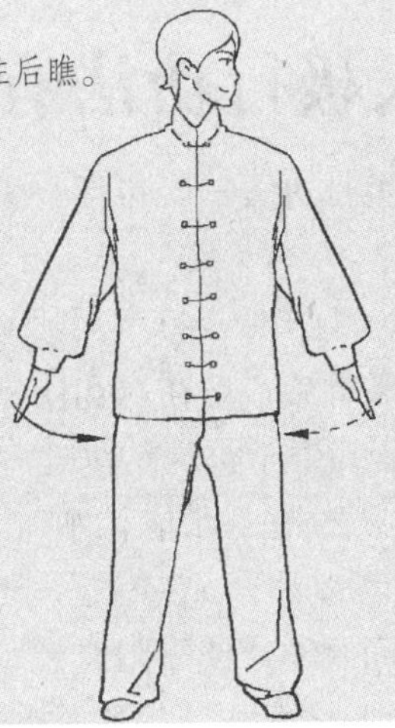

第五段：
摇头摆尾去心火。

第六段：
两手攀足固腰肾。

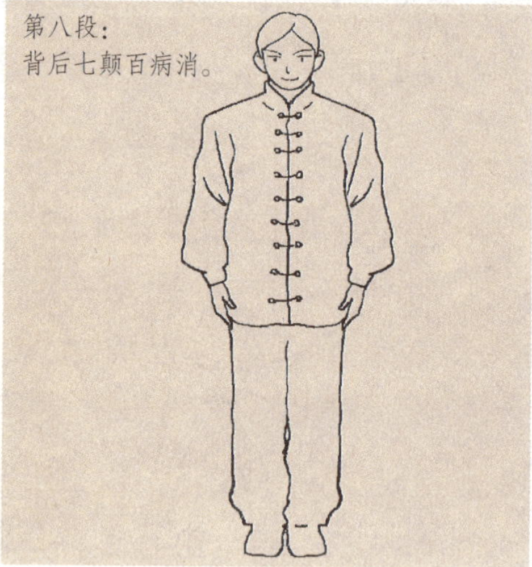

4.太极行功法有哪些要点？

太极行功法一般包括打坐与拳法两部分。

（1）打坐的操练

太极行功，功在调和阴阳，交合神气，打坐为第一步下手功夫。

行功之先，尤应治脏，使内脏清虚，不着渣滓，则神敛气聚，其息自调。进而吐纳，使阴阳交感，浑然成为太极之象，然后再行运各处功夫。

冥心兀坐，息思虑，绝情欲，保守真元，此心功也。

盘膝曲股，足跟紧抵命门，以固精气，此身功也。

两手紧掩耳门，叠指背弹耳根骨，以祛风池邪气，此首功也。

两手擦面待其热，更用唾沫偏摩之，以治外侵，此面功也。

两手按耳轮，一上一下摩擦之，以清其火，此耳功也。

紧合其睫，睛珠内转，左右互行，以明神室，此目功也。

大张其口，以舌搅口，以手鸣天鼓，以治其热，此口功也。

舌抵上颚，津液自生，鼓漱咽之，以润其内，此舌功也。

叩齿三十六，闭紧齿关，可集元神，此齿功也。

两手大指擦热折鼻，左右三十六，以镇其中，此鼻功也。

（2）太极行功歌

①两气未分时，浑然一无极。阴阳位即定，始有太极出。人身要虚灵，行功主呼吸。呵、嘘、呼、哂、吹，加嘻成六数。六字意如何？治脏不二诀。治肝宜用嘘，嘘时睁其目；治肺宜用哂，哂时手双托；心呵顶上叉；肾吹抱膝骨；脾病一再呼，呼时把口嘬；仰卧时时嘻，三焦热退郁。持此行内功，阴阳调胎息，大道在正心，诚意长自乐，即此是长生，胸有不老药。

②春嘘明目木滋肝，夏至呵心火自闭，秋哂定知金肺润，冬吹唯要坎中安，三焦嘻却除烦热，四季长呼脾化食，切忌出声闻口耳，其功尤胜保命丹。

③肝若虚时目睁睛，肺知哂气手双擎，心呵顶上连叉手，吹肾还知抱膝平，脾症呼时须撮口，三焦客热莫生惊，仙人嘻字真玄秘，日日行功体渐宁。

④肝本青龙旺在春，病来还觉好酸辛。眼中赤色兼多泪，嘘法行功效若神。肺生咳嗽作痰涎，胃膈烦焦喉舌干。却病急行哂字诀，上焦火降肺安然。心神烦躁急须呵，此法通灵更莫过。喉病口疮并热痛，行之渐觉体安和。肾为水府是生门，保命藏精养蒂根。眉蹙耳鸣兼黑瘦，吹之精气返昆仑。脾家属土太仓名，饮食成痰湿热生。泻痢脾鸣兼吐水，调和四季得和平。三焦火症报君知，静坐蒲团须用嘻。此法通玄传上古，清凉三部是良医。

5.太极导引保健功有哪些功法步骤?

本功主要是通过主动的肢体运动，达到疏通气血、强筋健骨、除劳去烦、祛病延年的目的。其功法步骤为：

①平衡气血。两脚分开直立，两臂左右平伸，肘部自然弯曲，掌心向上，身体保持平直，腰向左弯，左臂下降，右臂上伸，到适当程度后复原，再向右弯，动作同前，反复数次。功效：降低血压，镇心安神。

②心平气和。两脚分开直立，随吸气两臂缓慢从身体两侧向前上、正中移动，直到手掌与喉平行，再随呼气掌心向下沿胸前徐徐下降，并以意领气下沉，两腿屈膝下蹲，直至两手齐脐部，反复数次。功效：调整呼吸。

③舒筋活络。自然站立，两臂慢慢向前平举与肩平，手心向内随两臂回撤，手背从两腋、腰、尾骶关节方向向下按摩，并以意引导气到涌泉穴，两腿下蹲，重复数次。功效：放松全身，舒筋活络。

④太极开合。自然站立，两臂胸前伸展如抱球状，随呼气两手臂向外舒展，吸气时复原，两腿微蹲，重复数次。功效：开阔心胸。

⑤巡回搓棍。两腿分开微蹲，两手臂前伸，肘部稍弯，掌心相对，距33厘米左右，两手前后来回搓动，身体也随之转动，重复数次。功效：强健腰部。

⑥定步云手。两腿分开直立，膝盖略屈，身体左转45度，左手在上，右手在下，掌心相对呈抱球状。随身体由左

五运六气

向右转动时，右手上升，左手下降。当身体转呈向右45度时，右手达喉水平前方33厘米左右，左手自然下垂。再做反向运动，重复数次。功效：宽胸理气，健腰腿。

⑦旋转健腰。两腿分开直立，两臂微屈置于小腹前，腰部以上身体随两臂向左侧身后转动，重复数次。功效：强健腰腹部。

⑧伸臂舒胸。两腿分开站立，两手前举到平肩，屈肘内收到胸前竖掌，掌心向前，两臂缓慢推出，同时屈膝下蹲。然后两手呈握空心拳状收回腰部两侧，两腿复原，重复数次。功效：强健腿力。

⑨进退虎步。两腿分开直立，两手反叉腰，提左脚呈虚步，足尖先向内再向外各转3圈后向前踏平，再练右脚，重复3次以后以同样方式练退后3步。功效：强健下肢关节、肌力。

⑩交替击腹。双腿分开直立，两手空握拳，一前一后交替轻叩小腹与腰背部，两脚也交替活动。功效：强健肢体，使全身放松。

第七章

居家养生

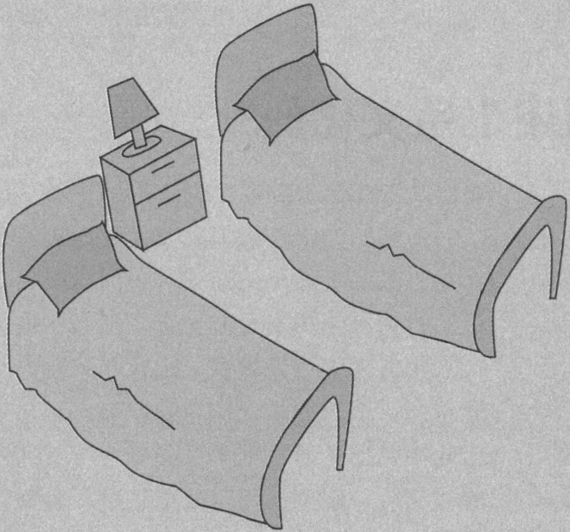

第一节 房事养生

房事养生，又可称为性保健，是我国传统文化的组成部分。古人说：『房中之事，能杀人，能生人。』可见房事养生的重要。房事养生，就是根据人体的生理特点和生命的规律，采取健康的性行为，以防病保健，提高生活质量，从而达到健康长寿的目的。

1.《易经》如何看待房事养生？

《易经·归妹》中说：“归妹，天地之大义也。天地不交而万物不兴，归妹，人之终始也。”意思就是说，婚嫁是天地之间最正常的事情，天地阴阳之气不交合，就不会生长万物，男女不婚嫁，就不能传宗接代。《易经·系辞》还认为：“男女媾精，万物化生。”即男女两性的结合、交媾是万物生长、人类繁衍的根源。这就肯定了只有宇宙间天地、阴阳、男女等两种对立因素交合，才能产生新的事物。否则，纯阳、纯阴、纯男、纯女都不足以产生新的生命。

由此可见，《易经》推崇房事的决定作用，把人类繁衍的根源——房事——看得高于一切。

2.《易经》是怎样阐述生殖文化的？

《易经》八卦中的阴阳符号是男女生殖器的形象抽取和意会象征的综合符号。这绝不是光以八卦的外形来简单地比拟男女两性的性器官，而是因为《易经》八卦中确实包含了相当深刻的性内容。

著名学者周予同、郭沫若等都考证说，乾、坤二卦的形状恰似男女两性的生殖器。“—”表示男性的性器官，“--”表示女性的性器官，“乾”“坤”二卦即是两性生殖器的记号。

《易经》中的阴阳二元论和太极一元论，其实都源于生殖崇拜。因为既然生殖行为源于男女双方交合，那么在被拟人化的无生命世界也一定存在着双方既对立又统一的相互作用的原因，于是由此演绎出天地、刚柔、父母等一系列的对立统一观念，而阴阳正是这一系列观念的归纳与概括。

3.房事养生有怎样的重要性？

古代对房事的生理作用有深刻的认识，如“男女居室，人之大伦，独阳不生，独阴不成，人道有不可废者”。阴阳整体观念认为男女交合乃阴阳之道，是天地间第一大道。同时也认识到性生活是人类的天性和生理需要，不适当地抑制性功能，会引起一些病理变化，带来许多疾病。《千金要方》中说：“男不可无女，女不可无男，无女则意动，意动则神劳，神劳则损寿。若念真正无可思者，则大佳长生也，然而万无一有，强抑闲之，难持易失，使人漏精尿浊以致鬼交之病，损一而当百也。”

正常的性生活可以协调体内的各种生理功能，促进性激素的正常分泌，有利于防止衰老。健康的性生活可以增强夫妻婚姻生活的和谐幸福。实践证明，茕茕独处或旷男怨女多病而不寿。

4.战国先秦时期有哪些关于房事养生的著作？

古代房事养生，萌芽于春秋战国以前，奠基于战国先秦时期。如有关古代房事养生的奠基著作《黄帝内经》、汉末出土的《医简》、《汉书艺文志》中记载的“记中八家”等都成书于先秦战国时期。

《黄帝内经》不仅阐述了性生理、性功能、性保健等方面的理论，而且总结了男女性疾病的病因、病机和治疗原则，提出了房事养生的方法。汉末出土的《医简》是古代房事养生的专著，其中的《十问》强调了滋阴壮阳、食补助阴、房事有节、巩固精关、气功导引、补益精气、通调气血、益寿延年等房事养生的方法和理论，并主张性生活时要安神定志、徐缓虚静。这些对防治性功能障碍、提高性快感都有指导意义，书中还详细地描述了性交体位和性交技巧。《天下至道谈》则是房事养生的专篇，详细叙述了性生理、性心理、性技巧和房事养生的原则及具体方法。《养生方》和《杂疗方》有一部分内容专论性知识、性保健、性疾病治疗。

5.秦汉唐时期房事养生有怎样的发展？

秦汉唐王朝，人杰地灵，学术昌盛，对“性”实行开明政策，所以房事养生得到了长足的发展。由于秦汉帝王醉心于神仙术，后汉曹操又带头修习房中术，以至秦汉时期出现了《素女经》《玄女经》《玉房秘诀》等一大批性学专著，充实了房事养生的理论和经验。这些著作大都竭力提倡提高男女行房技巧以增进男女行房的乐趣，取得和谐协调的性生活，使双方都在性生活中达到神和意畅的境界。并认为应该适当节制性生活，性交不可过于频繁，放纵情色有损健康，但故意抑制性欲也对身体不利；许多性功能障碍都可以通过气功导引、改变性交体位来治疗，这是现代性医疗的雏形。隋唐时期的医药著作，如《诸病源候论》《千金要方》等书，对性医学的发展有很大贡献。这些论著不仅增加了治疗性疾病的方法，而且在方法上也有所突破。唐朝出现了一些性文学著作，如白行简的《阴阳交欢大乐赋》，就是以词赋的形式来论述房事养生的。

6.房事养生的准则是什么?

古人说："房中之事，能杀人，能生人。"这说明男女交接之道，就像水能载舟，水也能覆舟一样，顺之者益寿延年，逆者早衰早夭。由此可见，男女交合时一定要遵守原则。

元代医学家李鹏飞说："欲不可绝，欲不可早，欲不可纵，欲不可强。"此可以作为房事养生的准则。欲不可绝说明了房事的必要性；欲不可早论述了早婚的弊端；欲不可纵旨在反对放纵情欲；欲不可强专指不可强力入房，以防耗精伤肾。

7.行房要具备怎样的环境?

房事，虽是已婚夫妇的自然生理需要，并有一个合法的、不受阻挠的性生活场所，能无拘无束的享受性生活，但古人非常讲究天人合一，认为在进行作为自然现象的房事时，要讲究天时、地利、人和。古人云："大寒大热，大风大雨，此天忌也；醉饱，喜怒，忧愁，恐惧，此人忌也；山川，神祇，社稷，井灶之处，此地忌也。房事当避此三忌，做到天时地利人和而行之。"

《妇人规》指出：卧室安静，睡床舒适，被褥、床单、枕巾整洁，室内空气流通、新鲜，是房事的必备条件。

8.房事前要做哪些准备?

《素女经》说："欲合之道，在于定气、安心、和志，三气皆致至，神明统归。"所谓定气、安心，即在房事前宁心安神、泰然稳持，避免烦躁慌张、忧愤嫉妒、忿怒郁闷等情绪。所谓和志，即男女感召，配合默契，性感集中，情意合同，互相激发。

《玉房指要》说："凡御女之道，务欲先徐徐嬉戏使神和意感，良久乃可交接。"这即是现代性医学所谓的房事前宜进行"性准备""性爱抚"阶段，也是应当遵循的原则。

准备不充分时不宜过性生活。但有些人不懂得女性性生理特点，不做好准备工作就急于性交，或因时间仓促，匆匆而就，草率收兵。这些做法均不能使女方达到性高潮，且此举不但不会使女方对性生活产生兴趣，反而会给其带来痛苦。这也是女性产生性冷淡的主要原因。

9.房事的频率是怎样的？

《医心方》说：“年二十，常二日一施；三十，三日一施；四十，四日一施；五十，五日一施；所过六十以去，勿复施泻。”《千金方》说：“人年二十者，四日一泄；年三十者，八日一泄；年四十者，十六日一泄；年五十者，二十日一泄；年六十者，即毕闭精，勿复再施也。若体力犹壮者，一月一泄。”

一般的规律是这样的：新婚燕尔房事较频；婚后数月一般每周2～3次；随着年龄增长会逐步减少到1～2周1次；身体较弱者次数更少；夫妻久别重逢房事频率增加乃人之常情，但应适当节制。

实际上房事频率不应有统一标准，应因人而异。总之，应以不感到疲劳为度。

10.适宜房事的时间是什么时候？

一般来讲，性生活应在晚间12点以前进行。这样，性生活后既可安然入睡，又符合人体的生物节律，对身体有益而无害。清晨不宜过性生活，因为一日之计在于晨。清晨是人们一天学习、工作的开端，是一日中的黄金时间，如果此时进行性生活，人会因得不到适当的休息而使体力得不到恢复，那这一天就会感到头昏脑涨、四肢无力，提不起精神。这就是古代养生家们提出的“晨酒、晚茶、黎明色”的戒律依据。

11.房事养生为何主张节欲？

中医房事养生主张节欲保精，既不是禁欲也不是纵欲。

现代医学研究证明：精液中含有大量的前列腺素、蛋白质、锌等微量元素，失精过多不仅造成这些物质丢失，而且会使脑垂体前叶功能降低，加重睾丸负担，甚至抑制脑垂体前叶的分泌，导致睾丸萎缩，加速衰老。

12.春季如何进行房事养生？

俗话说：“一年之计在于春。”就是说春天是万物生长的最好时光，切不可虚度。专家也指出，春季是夫妻性生活乃至孕育新生命的大好时机。

中国医学理论中，“天人相应”贯穿于整个体系，房事也不例外。《黄帝内经》记载，四季之主气为：春生、夏长、秋收、冬藏。万事万物如粮食生长一样，在春天生发，夏天成熟，秋天收获，冬天贮藏，房事也应按着这样的规律进行。虽然古代医家一致主张：房事要有节制，不可频繁放纵，但是在春季，房事则可“随意”一些。按照经络理论，人体的生殖器被肝经环绕着，春季是肝经主气，肝气性喜达舒，最怕受抑郁和压制，所以春季保持适当频度的性爱，对改善心绪也是非常有益的。

现代医学认为，春季是优生优育的季节。因为男子的精子质量以冬、春季为佳，女性在春季里受孕率最高。

13.夏季如何进行房事养生？

夏天容易让人欲望高涨，如果这时不注意节制，就会让本已新陈代谢加快的身体雪上加霜，体能透支，影响到古人所说的身体基础——元气，甚至可能引发疾病。夏季在行房事时应该注意以下几点：

①出汗太多要当心。夏天出汗太多时过夫妻生活，容易引起中老年人以及身体虚弱者的虚脱。此类人群应等到汗完全干了、心跳平稳以后，再行房事。对于情绪紧张或身体虚弱者来说，性生活后排汗量增多的现象也应警惕，因为这可能是一种疾病的信号。最好稍事休息，待体内血液循环恢复正常后再从事其他活动。

②“苦夏”者别勉强行房。每到夏天，总有些女性诉说自己周身乏力、困倦、不思饮食、身体日渐消瘦，但到了秋天，这些毛病往往不治而愈，这就是人们常说的“苦夏”。虽然“苦夏”一般不会影响健康，但如果症状较重，则应避免过性生活。男性在有性冲动时要善于观察妻子的情绪和心态，并设法激起她的性欲，以达到和谐一致，获得满足。

③警惕性爱前后过分贪凉。性生活时如果使用空调，应让室内外温度相差5摄氏度左右，室温最低不超过27摄氏度。性爱之后如果感到口渴、浑身黏腻，不要急匆匆地去冲冷水澡，这样虽一时使自己感到舒畅，却为致病菌入侵创造了有利条件，非常容易受凉感冒。

14.秋季如何进行房事养生？

秋天是泌尿系统疾病高发季节，而前列腺炎是其中最为常见的疾病。因此，秋季行房事也要特别注意。

秋天宜收不宜散，房事应有所减少。一般来说，人们阳气不足，可借助春天生发之性、夏天阳热之气以温养生发阳气，而阴精不足，则可借助秋冬收藏之性以涵养阴精。

女性在秋季会出现性欲减退现象，常常表现在过夫妻生活时出现干涩现象。这是秋季燥气当令所致。燥气干涩易于伤津，秋令之际，干涩不仅影响行房的情绪和欢悦，还可带来疼痛和损伤。性心理专家指出，为预防干涩造成夫妻生活中的不愉快，秋季行房前可适当延长性前戏的时间，以充分调动、激发女性性欲。这时女子不可因此而情欲消沉，否则会更进一步抑制阴部分泌腺的分泌，使房事不欢而散。

15.冬季如何进行房事养生？

冬天天气寒冷，手脚易冷。但是这种情况如果一到冬天就出现，而且不容易暖过来，很可能是肾阳虚，也就是中医所说的“畏寒”。

中医认为，肾为“作强之官，伎巧出焉”。这是指肾所主管的阴阳相对平衡，肾功能较强时才能进行正常的性生活这种“技巧”。如果肾阳气不足，男性会出现阳痿、早泄，女性也会出现性冷淡等性功能障碍，夫妻双方就不能正常进行性生活。专家建议，在寒冷的季节，夫妻之间可以相互温暖身体，用真情和温情激发对方的“性”趣。这样待身体暖了再开始过性生活，就可得到应有的“性福”。

有一些调整肾阳虚的方法，简单易行。比如，坚持每晚用热水泡脚，加入有疗效的中药会更好，如红花等；开些补肾壮阳的中药，按医嘱服用；睡前适量地运动，到身体变暖和为止；用艾灸灸涌泉穴，夫妻互相灸肾俞等。这些方法不仅可以达到保健的效果，对性和谐也大有帮助。

16.房事后不宜做哪些事？

夫妻行房是一项比较剧烈的运动，此时肌肉、骨骼，尤其是神经系统极度兴奋，全身血管扩张，血流速度增快，能量消耗大。因此，房事过后，最好不要做以下事：

①不要吸烟。此时吸烟，会促使烟中有害物质的吸收，影响健康。

②不要淋浴。淋浴会加速热能丢失，容易感冒。

③不要冷浴。冷浴容易引起风湿性关节炎。

④不要再交。频繁性交，对双方身体有害无益。

17.孙思邈有哪些房事养生之道？

孙思邈除了是伟大的医药学家外，还是位养生专家，尤其在其著作《千金要方》《千金翼方》中，有诸多关于房事养生的内容。

①孙思邈认为房事是一门科学，是“道”，是“法”，是“术”；房事不是单纯为了快意与纵情，而在于生育与养生；“少年极须慎之”；“年至四十，须识房中之术”。

②孙思邈认为男女交合应该有一定的原则。此原则是有利于社会，有利于繁衍后代，有利于家庭和睦和自身健康。

③关于交合之法，《千金要方》叙述得很详细：交合之时，必须先徐徐嬉戏，使神和意感良久。自觉阳气渐盛，方可慎而交合。交合之时，应当先做按摩导引，呼吸吐纳，吞津意守。泄精时，当闭口、张目、闭气、握固两手、左右上下缩鼻取气，并收缩小腹，叩齿千遍；泄精之后，用菖蒲末、白梁粉对阴部进行敷摩，令其干燥，不生湿疮。

④孙思邈认为，交合次数应随年龄增长而递减，即人年二十者四日一泄，三十者八日一泄，四十者十六日一泄，五十者二十日一泄，六十者闭精勿泄。若体力强壮者一月一泄。对于体力强盛过人者，亦可超越上述的次数，切不可抑忍而生痈疽。

⑤孙思邈指出：天当大风、大雨、大雾、大寒、大暑，或雷电交加、天地昏暗、日月走蚀、天虹地动等，不可交合。另外，火光之下、神庙佛寺、井灶圊而之厕、冢墓尸柩之旁，皆不可交合。上述恶劣的气候与不洁的环境容易使人意神不宁、心猿意马，应当避免交合。

孙思邈像

18.房事生活可以缓解和抑制哪些疾病？

美好的房事生活对很多病症都有意想不到的缓解和抑制作用。

①消除失眠。当经历一次和谐的性生活后，紧张激动的身体开始放松，肌肉也在满足之后的疲倦中得以舒展，睡意自然而然地袭来，从而有助于消除失眠症。而且性生活越是美满，事后也越容易入睡。

②减轻女性经期前的综合征。女性在月经前的5～7天内，流入骨盆的血液增加，有可能引起肿胀和痉挛，导致腹胀或腹痛。而性生活中的肌肉收缩运动，能促使血液加速流出骨盆区，进入血液总循环，从而减轻骨盆压力，最终减轻腹部不适。

③减少女性炎症的发生率。实验证明，精液中有一种抗菌物质——精液胞浆素，它能杀灭葡萄球菌、链球菌、肺炎球菌等致病菌，从而帮助女性生殖器免遭微生物的侵袭。长期没有性生活的女性，更容易患阴道炎、子宫内膜炎、输卵管炎等

病症。

④有效减少心脏病发生率。性生活可以让骨盆、四肢、关节、肌肉、脊柱更多地活动，促进血液循环，增强心脏功能和肺活量。拥有和谐性生活的人发生心脏病的概率比性生活不和谐的人至少减少10%。

19.什么是性度？

性度是衡量某一个人身上男性特点与女性特点比重的性心理学概念，可分为男性度和女性度两个方面。男性度就是男性特点在某人身上所占的比重，女性度就是女性特点在某人身上所占的比重。

从性度的角度看，世界上没有绝对纯粹的男性，也没有绝对纯粹的女性，任何人都是男性特点和女性特点的综合体。一个男人，男性度高，男性特点就表现得突出、明显，人们就会感到他充满了“男子气”；如果女性特点超出了一定的范围，人们就会感到他“男子气”不足，有点“娘娘腔”。一个女人，女性度高，女性特点就表现得突出、明显，人们就会感到她富有“女人味”；如果男性特点超出了一定的范围，人们就会感到她“女人味”不够，有点“假小子”的味道。

性度与性激素密切相关。性激素对个体的身高、胖瘦等形体特征与气质、爱好、情感等心理特征具有很大影响。男女身上都存在着不同比例的雄激素和雌激素，这是个体中两种性度并存以及个体间性度产生差异的生物学基础。性度还与生活环境密切相关。观察表明，在男性多的环境中成长的孩子，往往男性度就强；在女性多的环境中长大的孩子，一般则女性度强。

20.八卦和性度有什么关系？

八卦和“性度”有密切关系。如果将《伏羲八卦方位图》和《六十四卦周天图》顺时针旋转九十度，使阴阳各为一极，可以看到：如果以每一卦作为一个人的“性度”，则“性度”为纯阴或纯阳者极少，为数众多的是阴阳兼具。阴阳的数量、位置或毗邻关系不同，表现出来的“性度”状态也各不相同。即使在阴爻和阳爻等量的情况下，由于阴爻和阳爻所处的位置不同，即当位与不当位以及不同的乘承比应关系，也会演变出多种各异的心理特征、不同的“性度”内涵。这与人的“性度”和心理过程符合。

因此，八卦中涵容了性的生物存在、心理存在和社会存在，也涵容了“性度”概念。

21.什么是“七损”？

《天下至道谈》中有关七损的记载为：七损，一曰闭，二曰泄，三曰竭，四曰勿，五曰烦，六曰绝，七曰费。即一损是指性交时阴茎疼痛、精道不通，甚至无精可泻，这叫内闭。二损指性交时大汗淋漓不止，这叫阳气外泄。三损是说性生活不加节制，交接无度，徒使精液虚耗，此为“竭”或“衰腠”。四损是说交合时阳痿不举，故曰“勿”。五损指交按时呼吸梗促、气喘嘘嘘、心中懊恼、神昏意乱，这就叫烦。六损是说在女方根本没有性冲动或性要求时，男方性情急躁、不善于等待，甚至态度粗暴、强行交合。这样的性生活不仅损害女方的身心健康，还会影响胎孕的优劣，给下一代造成危害，因而叫“绝”，意即陷入绝境。七损是指交接时急速图快，滥施泻泄，徒然耗散精气而已，所以叫做“费”。

22.什么是“八益”？

“八益”指的是寓气功导引于两性交媾活动中。《天下至道谈》写道：“八益，一曰治气，二曰致沫，三曰知时，四曰蓄气，五曰和沫，六曰积气，七曰持赢，八曰定顷。”即一益是指性交之前应先练气功导引，导气运行，使周身气血流畅，故曰“治气”。二益是说舌下含津液，不时吞服，可滋补身体；又指致其阴液，亦为交合之所不可少者，这些都叫做“致沫”。三益是说要善于掌握交合的时机，这就叫做“知时”。四益即蓄养精气，做到强忍精液不泻。五益是指上吞唾液，不含阳液，双方在交合中非常协调。六益是说交合适可而止，不可精疲力竭，以便积蓄精气。七益是说交合之时留有余地，保持精气充盈，做到不伤元气，这叫“持赢”，即持盈。八益是说两性交合时，男方不要恋欢不止，此为“定顷”，即防止倾倒之意。

23.为什么说房事养生的诀窍是动而少泄？

古代房事养生的诀窍就在于动而少泄，其目的是为了保护阴精。为了在房事生活中保护阴精，古人进行了不少的研究与探索。竹简《十问》有相关描述，大意就是说，长生的诀窍在于寻求巩固精关的方法。精关经常地固护，就能聚藏阴精，使人生机旺盛而精神蓄积，其作用就会明显表现出来；精关闭约，阴精深藏，必使精液不会随意泄泻，也不会遇到各种疾病，所以能够长生。

大家可能会质疑：男女交合以能泄精为达到性高潮的标志，如今提出交合时要动而不泄或少泄精，这又如何能尽情享受性欲的愉快呢？古人认为，泄精后身体常感倦怠乏力，耳苦于嘈杂嗡响，眼苦于睑垂欲睡，喉干咽燥，全身骨节倦怠乏力。虽泄精时暂有快感，但终因精力耗损而感不畅。若交合时摇动而适时控制泄精，则气力经常充沛、身体灵活、耳目显得聪明。

24.房事养生在饮食上要注意哪些方面?

中医养生学认为，饮食的当与不当对人体的性功能有重要影响。所以，为了保护性功能的正常，一定要注意饮食的禁忌。

一忌肥甘厚味。这是因为，肥腻之物，易伤脾胃。而脾胃运化失常，可导致精气不足，精亏血少，体虚气弱，从而致性欲减退。此外，过食油腻，脾胃运化艰难，酿生湿热，若流注下焦，扰动精室，可引起遗精、早泄；若流注宗筋，则生阳痿。

二忌食太咸。因为咸味先入肾，适度的咸味养肾，但食咸大多则伤肾，不利助阳。因此，饮食上宜清淡。

三忌食寒凉。因为寒凉食品，令肾阳不足，肾阳虚衰，命门火衰，可致精少阴冷，性功能衰退。中国医学认为：“性凉，多食损元阳、损房事。”现在已发现，菱角、茭白、兔肉、猫肉、猪脑、羊脑、水獭肉、粗棉籽油等，对性功能不利，常吃会出现性功能减退或精子减少、阳痿等。

四忌偏食。因为偏食可导致某些营养物质的缺乏，使肾精不足，而男子精子缺乏会导致不育。现代研究发现，精子的含锌量高，若平时不喜欢吃含锌丰富的食物，机体含锌量不足，可导致性功能下降，甚至不育。

25.怎样的饮食有利于房事养生?

食物与人的性功能之间存在着重要的依存关系，在日常膳食中应注意以下物质的摄取。

①优质蛋白质。蛋白质含有人体活动所需的多种氨基酸，它们参与包括性器官、生殖细胞在内的人体组织细胞构成。如，精氨酸是精子蛋白质的重要成分，可促进精子生成，具有提高性功能和消除疲劳的作用。

②酶类。酶是一种在体内具有催化作用的特殊蛋白质，能促进人体的新陈代谢，对健康有益。如果体内缺乏酶类，可能出现机能减退，包括性机能减退，甚至丧失生育能力。酶存在于各类食物中，在烹调食物时应注意温度不宜过高，时间不宜过长，可用炸、烤、煎等烹调法，以免使酶受到破坏。

③与性功能有关的维生素和微量元素。现代医学研究表明，人体缺乏锌，会使性功能和生殖功能减退，甚至导致不育。动物内脏、瘦肉、牡蛎、牛奶、豆类、马铃薯、红糖中含锌丰富。维生素A和维生素E都有延缓衰老和延缓性功能衰退的作用，且对促进精子生成和

提高精子的活动均具有良好的效果。禽蛋、乳制品、鱼、韭菜、芹菜、胡萝卜、南瓜、西红柿中含有维生素A，谷胚、蛋黄、芝麻、花生、植物油、麦片中含有维生素E。

④适量的脂肪。人体内的性激素主要是由脂肪中的胆固醇转化而来的，长期素食者会影响性激素的分泌，不利于性功能的维持。适量食用脂肪，还有助于维生素A、维生素E等脂溶性维生素的吸收。

富含蛋白质、脂肪的食物有利于房事养生

26.茶与咖啡对性功能有怎样的影响?

茶是古今中外最广泛饮用的饮料。茶叶中含有许多生物碱，如咖啡碱、茶碱等物质，这些物质对中枢神经系统有明显的兴奋作用，能消除疲劳，振奋精神，提高机体对性刺激的感受能力和反应能力。因此，适量饮茶，可增强和改善性欲，对性功能有益。但是不提倡在晚上喝浓茶来提高性的兴奋性，以免影响睡眠。另外，要注意过量饮用浓茶会因过度利尿而伤肾，肾气受损则性能力亦下降。并且因茶叶性味苦寒，肾阳虚者不宜多饮。

咖啡是近年来悄悄进入中国老百姓家中的“洋饮料”。它也是一种兴奋剂，在某种程度上会提高人体对外界或自我的感受力，所以饮用咖啡后，人们对性生活产生的性快感印象特别深刻。咖啡的兴奋作用，会提高性兴奋性，使性欲提高，性高潮出现的时间缩短，并且对女性的作用比男性明显。但是，多饮咖啡对人体并无益处，它可使人在性生活后仍处于兴奋状态，不利于体力和精神的恢复。因此，咖啡不宜长期饮用或过量饮用，应少饮为佳。

27.夫妻分床睡好吗?

近年来夫妻分床睡有益健康的说法越来越多。事实上，夫妻分床睡的确有好处，其好处表现在以下几点：

首先，分床睡可以保持夫妻间“亲密的距离感”。作为夫妻双方，每个人都有自己的社会交际圈，也都有各自不愿为外人道的隐私，分床而居，不但为各自保留了一片自我空间，而且对双方的心理健康也大有好处，还可以使夫妻间保持一种“亲密的距离感”。

其次，分床睡可以营造夫妻间“神秘的新鲜感”。老夫老妻恩恩爱爱、相濡以沫许多年，但总有“审美疲劳”的一天。此时，适当的分床而居就可以给双方营造一种新鲜感，为婚姻生活增添点浪漫气息，起到“小别胜新婚”的作用，性生活自然会如鱼得水，质量也会大大提高。

最后，从生理角度讲，夫妻分床睡还可以避免性生活过频。传统医学认为肾藏精、生髓、通脑、主骨，房事过密会引起肾虚，从而使人头昏眼花、精神倦怠、腰膝酸软、工作效率下降等，严重的甚至会诱发前列腺炎、尿路感染。若分床睡，性刺激大大减少，过着有节制的性生活，养精蓄锐，有利于保护肾气。

28.夫妻分床睡要选择哪些时机?

健康专家认为，出现以下几种情况时夫妻适合分床睡：

①妇女的月经期、孕期、产褥期和哺乳期是需要得到最妥善的卫生保健的时期，此时夫妻分床睡是非常必要的。

②夫妻有一方患病毒性肝炎、肺结核、流行性感冒、细菌性痢疾或皮肤病等传染性疾病，同床共枕非常容易传染给对方，此时夫妻分床就寝，就能有效地避免相互传染或交叉感染。此外，妻子若患霉菌性阴道炎或阴道滴虫，在性接触中也会传染给丈夫，此时也有分床睡的必要。

③夫妻一方因工作需要时常早出晚归，为避免半夜三更干扰对方睡眠，最好选择分床而居，以保证充足的睡眠。

④夫妻间有良好的感情基础，但却发现彼此的“性”趣逐渐变淡时，可以选择分床睡，酝酿“性”趣。还有的夫妻由于对性的需求频率不同，有时候一个想一个不想，为了屈就对方，反倒弄得不欢而散。在这种情况下，也可以选择分床而居，不妨等双方性需求一致时再同床共枕。

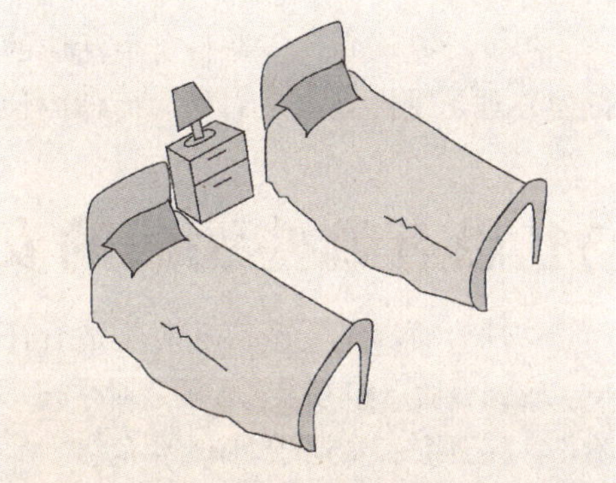
有时候夫妻分床睡是健康的需要

29.房事生活有哪些好处?

适当的房事生活有以下一些好处：

①可摧毁压力，舒缓紧张。在进行房事的过程之中，人体荷尔蒙的释放使我们无法感到压力。这个反应甚至可以维持数小时之久，直至荷尔蒙的水平回复正常水平。

②帮助入睡。行房时，肌肉在兴奋时紧张，并在事后回复松弛，这个过程很明显地有助于休息和睡眠。

③美容。行房时的刺激和运动会导

致肾上腺素产生。肾上腺素能够提高皮肤的透明度，使它看起来明亮透彻一些，人也会因此而漂亮一些。

④有助保持苗条。据调查显示，一个热烈的接吻燃烧12卡路里，而10分钟的爱抚也可燃烧50卡路里。即使最迟缓的做爱，也可每小时燃烧200卡路里，假如在这过程中非常之热烈和兴奋的话，燃烧五六百卡路里是可想而知的。

⑤和谐的房事生活能减少女性患经期综合征、妇科炎症、乳腺癌、子宫癌和卵巢癌的概率，健康而有规律的性生活能使男子前列腺保持良好的状态，另外，和谐的房事生活还可有效减少心脏病的发生率。

30.房事生活不和谐对健康有哪些影响？

和谐的房事生活除了能极大地舒张人们在生活中积聚的生活、精神压力外，更能良好地调节人体的神经、内分泌、免疫系统的平衡。而且，性激素平衡与否及体内性激素水平对人的心理、生理的影响也是性医学研究急需解决的问题。

初步研究认为，人在日常生活中的行为心理是受性激素左右的。而体内性激素的平衡和健康息息相关。在性不和谐的家庭，夫妻不和，经常反目，吵闹不休，互不谦让，造成家庭心理气氛紧张。这势必使人忧愁烦恼，焦躁沮丧，食不甘味，睡不安寝，疲劳有增无减，降低免疫功能，诱发各种疾病。房事生活不和谐常常会引起胃及十二指肠溃疡、高血压、冠心病，甚至是促发癌症的原因之一。

31.患有哪些疾病的女性不适宜怀孕？

女性患有以下一些疾病时不适合怀孕，应病愈后再作考虑，否则会对孕妇、胎儿，甚至将来宝宝的健康产生危害。

①贫血。患有贫血的女性如果得不到及时治疗，怀孕后可能导致其自身营养不良，还会加重贫血，甚至还有胎儿宫内发育迟缓、早产或死胎的危险。

②心脏病。如果孕前有心脏病而且没有得到及时有效治疗，孕妇很可能会出现心功能不全，从而导致流产、早产、胎盘功能不全等。

③肝脏疾病。如果孕妇患有肝脏疾病，很有可能传染给宝宝。

④肾脏疾病。患有肾脏疾病的女性怀孕，不仅其自身可能患上妊娠高血压综合征，而且还不利于胎儿的发育，可能导致胎儿发育迟缓，严重的还会引起流产、早产等。

⑤高血压。有高血压的孕妇比较容易患上妊娠高血压综合征。

⑥糖尿病。有糖尿病的女性在怀孕后很容易患妊娠合并糖尿病，如果不能很好地控制，可能会导致流产、早产，甚至出现巨大儿等。

⑦结核病。如果孕妇患有传染性的结核病，怀孕后可能导致流产、早产。如果其在孕期服用抗结核药物，势必会影响到胎儿的发育。

⑧性病。性病如果没有治愈就怀孕，可导致胎儿发育迟缓，而且也会垂直传染给宝宝。

32.不适宜受孕的做法有哪些?

天下的父母都想生一个健康又聪明的宝贝，想要如愿以偿，在受孕时要避免走入以下“雷池”中。

①停服避孕药后不到6个月受孕。目前认为，在停服避孕药后时间太短的情况下受孕，有产生畸形儿的可能。

②在旅游途中受孕。这会影响受精卵的质量，还会反射性引起子宫收缩，使胚胎的着床和生长也受到影响，导致流产或先兆流产发生。

③宫外孕后不久受孕。这种做法是很危险的，因为输卵管可能还没有完全疏通。

④剖宫产后不到两年受孕。剖宫产后无论是子宫切口还是腹部切口，充分愈合都需要一定的时间。如果它们还没有长结实就再孕，容易发生穿孔甚至破裂。

⑤带着避孕环受孕。如果所带的避孕环不合适或在子宫腔里移位，就容易发生带环怀孕的事，这对胎儿的生长发育很不利。

⑥使用避孕药时受孕。这会导致胎儿发生先天畸形的概率增大。

⑦注射风疹疫苗不满3个月。怀孕后，一旦被风疹病毒感染，可能会导致胎儿发生先天性畸形。

⑧早产或流产后不到半年受孕。此时子宫等生殖器官尚未康复，不能为胎儿提供一个良好的生长环境，同时也不利于子宫恢复正常。

33.女性该怎样保养卵巢?

大家都知道，卵巢是用来产生和排出卵细胞的，没有卵细胞，谈何生育。那么女性该怎样更好地保养卵巢、延缓衰老呢?

在生活方式上，应注意缓解压力、劳逸结合、修身养性、保证睡眠、适度锻炼等。在饮食上，要多吃卷心菜、菜花、葵花子油、芝麻油等富含维生素E的食品和富含维生素B_2的动物内脏、蛋类、奶类及豆制品，以及富含维生素B_6的谷类、豆类、瘦肉等。

此外，还可以进行卵巢保养按摩。膝关节上的血海，踝关节上的三阴交，踝关节旁边的复溜、照海，足底的涌泉，下腹部的关元、气海、神阙等穴位都有利于卵巢的保养，自己用食指在这些穴位上点按，每天2～3次，每次20分钟，可促进内分泌和生殖系统功能的改善，有益于卵巢的保养。

第二节 环境养生

中医学认为自然万物生于自然，长于自然，归于自然。作为万物之灵的人类，则会选择最佳环境和条件，以有益于健康长寿。环境养生就是替人类找出最适宜的生活环境和工作环境，使人们身心康乐、工作顺利、生活幸福、健康长寿。

1.居住在高原山区的人应如何养生？

中国的高原山区，气温低，气压低，多露，多风，冬季降霜雪，夏季多雷雨，降雨之际多冰雹。最重要的一点是，这里空气清新、湿润，利于人类的生存和居住。

如果你生活在高原山区，那么就可以利用山林养生。爬山可以锻炼身体，山上空气清新，有利于我们的大脑、心肺长寿。山里面的野生植物，如灵芝、野果、松子仁等都是可以使人长寿的。事实证明，住在高原山区的人，往往比较长寿。

高原山区可利用山林养生

2.青藏高原有哪些关于长寿的记载？

青藏高原是全球平均海拔最高的地区，亚洲的许多大江大河都发源于这里。由于地势极高，远古时代的人们把它视为地球擎住天空的一根大柱子和地球通往天宇的唯一道路，还说那里有“神物之所生，圣人之所聚”的醴泉瑶池，有“饮之不死”的丹水，有“登之而不死”的凉风山；附近的龙伯国人“生万八千岁而死”，鹄国人“岁寿三百”，轩辕国人“不寿者八百岁”，渠搜国和祈沦国“人寿三百岁”等。虽然这些记述较为夸张，但却透露了青藏高原为长寿区的这样一个重要的信息。

早在2500年以前，中国西北的青藏高原就被发现是一个长寿区。据记载，青藏高原“土气多寒，虽在盛夏，冰犹未释”，居民“依山而居，垒石为室，多获长寿”，被人称为“仙人山图所居之地”。青海河曲地区公元前7世纪是游牧民族“党项羌”生活的地方，这里“土无五谷，气候多风寒”，居民“处山谷间”，“多寿年，至百五六十岁”。显然，寒冷的气候是青藏高原成为长寿区的决定性因子，从而印证了古人“寒气多寿”的著名论断。

3.居住在海滨的人应如何养生？

海滨是位于陆地与大海之间的前沿线，它更正式的说法是潮汐中间的地带。水的运动形成了海滨的界线，海浪冲击的最高点是海滨的上界，它的下界是由低潮的最底线形成的。

海滨城市在夏天的时候，由于水的比热容大于沙石的比热容，因而水在同等情况下吸热多，海面温度小于沙滩上的温度，沙滩上的热空气上升，海面上的冷空气来填补这个空缺，此时就是冷空气吹向大陆。海滨昼夜温差比较小，原因还在于海水的比热容大，冷天放出热量，热天吸收热量，起到冬暖夏凉的效果。另外，海滨有海洋生物放出的氧气比较多，空气比较清新。

在海滨生活的人，可以在海边晒晒太阳、在水里游泳，这些都是有益于养生和长寿的。

《黄帝内经》：“东方之域，天地之所始生也。鱼盐之地，海滨傍水，其民食鱼而嗜咸，皆安其处，美其食。”海滨城市风光旖旎，气候宜人，冬无严寒，夏无酷暑，正是《黄帝内经》所说的“东方之域”。由于有如此优越的自然环境，使得这一地区也成为长寿区。

在海滨生活的人可多晒太阳

4.居住在平原上的人应如何养生？

陆地上海拔高度相对比较低的地区称为平原。平原地貌宽广平坦，起伏很小，它以较低的高度区别于高原，以较小的起伏区别于丘陵。世界平原总面积约占全球陆地总面积的1/4。平原不但广大，而且土地肥沃，水网密布，交通发达，是经济文化发展较早、较快的地方。另外，一些重要矿产资源，如煤、石油等也富集在平原地带。

如果生活在平原，那么我们可以利用原野养生。广阔无际的大平原，有充足的空气，阳光明媚，我们可以跑步、骑车、种庄稼，还可以在原野上种一些果树，闲时去采摘。这些都对健康有好处。

5.长寿与土壤环境有关系吗？

有关专家在江苏如皋选择了1000多个土壤采集点，将其中微量元素分三类作进一步研究。其中第一类是有效态硒、锌、硼、镍等，其在如皋的分布特征为北、东、东南部含量较高，中西部较低，与长寿人口比例的空间分布极为相似；第二类是有效态锰和钴，其分布自西向东、自南向北递减，与长寿人口比例分布完全相反；第三类是有效态铜和铁，其分布特征与长寿人口比例分布基本无相似之处。由此可见，长寿现象与土壤环境有一定的相关性。

6.哪些外部环境影响住宅居住环境？

当我们挑选住宅时，不要只将注意力放在房子的内部环境上，外部环境也是至关重要的。《易经》中强调“气”，气必须是生气而非死气，气要能聚而不能散气。所谓山环水抱的环境是风水宝地，讲的就是这个道理。下面提到的这些外部环境，要么是死气要么散气，住宅千万不要选在这样的环境。

①住宅接近公共厕所。住宅接近公厕属于不好的住宅，主身体不健康、暗疾缠身。这是因为公厕为阴气凝聚之地，不利于人的健康，尤其会令泌尿系统经常发生一些小毛病。另外，从环境学来论，公厕的臭气会招来蟑螂、老鼠等害物，影响健康。

②住宅接近垃圾站。垃圾站为藏污聚垢的场所，所以阴气特别重，容易招惹鼠蚁等聚居，且容易发出臭味。住宅接近垃圾站，会给居家生活带来大量有害健康的细菌。

③住宅接近变电站。变电站是火力最强的地方，为孤阳燥火之气。住宅的大门正对着变电站，会导致家人脾气变得暴躁，而且家人容易患皮肤疾病。

④窗户外有霓虹灯。窗户外有霓虹灯，晚上外面的灯光照射进房间，代表有极多不稳定磁场进入屋内，造成凶煞，不吉。为了吸引顾客，很多城市的建筑物外墙加装了大量灯饰，但对于居住在附近的居民来说，这并非好事。因为这种光线会使人的情绪经常处于躁动和不稳定的状态中，长期受这种光线侵扰，易患神经衰弱。

住宅不宜接近公厕

7.如何营造有利于人体的居家磁场？

一般来说，独立住宅一定比和许多人共住一幢大楼要好。理由是：好的磁场，由一家独享比分摊给数十、数百家好。住得高一点可以拥有较好的明堂和视野，因此，独立住宅最好的楼层为由上而下的第二层。如果3楼是顶层，那么2楼便是最好的楼层；如果4楼是顶层，3楼就是最好的楼层，这是从整幢楼宇吸纳最佳气场的角度来考虑的。

地球磁场的流动缓慢且持续不断，是一股看不见的力量，对人体无害。不过这并不是人类接触到的唯一一种磁性能量，一般常见的人工电磁能量来源还包括电线、收音机、电子钟、电脑、电视及微波炉等。人体本身是一个大型的导电体，家里如果有太多的电器，身体负荷量会过大，易造成体力流失。

因此，在日常生活中尽量少用电器。家用电器尽量往会转移电磁场的墙壁附近靠，最好别将电器放在出入动线、生活起居常经过的地方，以及卧室。如果无法做到前面的要求，那么至少要遵循以下的原则：

电脑：应该离床至少0.6米远。此外，在电脑前工作时，椅子的位置与电脑屏幕之间至少也要有0.6米的距离。

电视：如果是19寸以下的电视，应该距离床头、书桌、沙发、椅子至少1.5米远；20寸至39寸电视，至少应该距离1.8米；如果是40寸或更大的电视，至少要距离2.5米远。

收音机、音响与电子钟：这类电器至少应该距离床、书桌（办公桌）、沙发与椅子0.6米远。

8.如何营造有利于人体的室内温度？

住宅的小气候要让居住者有良好的温热感觉、正常的工作效率和休息睡眠，保持温热平衡或体温调节机能的正常状态。通过实验理论的推算，夏季室内的适宜温度为21～32℃，最适宜范围为24～26℃；冬季室温为19～24℃最为舒适。

夏季，室内微气候受太阳辐射、围护结构隔热性能和室内通风情况等因素的影响较大。因而，人们主要以选择适宜的住宅内部设计和通过主要房间的朝向，如创造穿堂风、绿化、遮阳，改变围护结构，设置机械通风和空调等来保证夏季居室具有适宜的温度。冬季，室内微气候主要受室外气温、围护结构传热性能、门窗漏风量和采暖条件的影响。为保证冬季室内的温度，一般是采用较厚且保温较好的围护结构、密闭的门窗以及采暖设备和空调等。

另外，人体对建筑材料的触感温度也是不容忽视的。从实验结果和日常生活经验得知，若地面为木地板，其表面具有17～18℃的温度时，才能使人感到舒适。换句话说，脚掌的瞬时下降温度如能在1℃以内，对人才是适宜的。因此，在住宅中人的皮肤经常触及的地方，应选择那些体感好的材料。

9.如何营造有利于人体的室内湿度？

一般说来，空气湿度高可增加机体的传导，从而流散热量，引起体温下降，同时神经系统和其他系统的机能活动也随之降低，出现一系列的病态。如，长期生活在寒冷、污浊的环境中的人，就容易患感冒、冻疮、风湿病等。相反，极干燥的空气也不利于人体健康。从医学角度来看，干燥和喉咙的炎症存在着一定的因果关系。

因此，居室内的相对湿度不能过高，也不能过低，一般要求为30％～65％。要保持这一状态，在干燥季节，我们可以在居室中种植常绿植物，或利用加湿器、喷壶等来保证房间内的湿度，而潮湿的季节，则需要用抽湿机或空调等设备来帮助我们排出多余的湿气以保证房间内的湿度。

10.房子的大小和高矮与身心健康有何关系？

每个房间不能太小，房高不宜太低。有些住宅为了硬挤出房间，把每个房间都隔得很小，摆一张床后几乎就没有了转身的余地，造成“气”场无法流通凝聚。还有些住宅房高很低，使人感觉脑袋快顶到了天花板，无形中有一种压迫感。总之，房子太小或者太矮，都会让住宅里面的人感到压抑，容易养成狭隘自私的个性，不利于身心的健康发展。

11.居家光照应如何布置？

明亮、温暖的光线让人心情愉悦、精力充沛。但居家环境与办公室不同，最好避免用亮晃晃的日光灯照明。光源直接投射到天花板上的间接照明最适合居家设计，或是多摆几盏立灯、台灯，让黄色、白色光源相互搭配，会使人感觉舒适而不刺眼。

客厅的主灯最好选择黄光。暖黄光更显得居家气氛温馨。

靠沙发或墙角处应多添一盏桌灯或立灯，可以柔化室内气氛，让狭窄的空间变大。

12.卧室内电视机的正确摆放方式是什么？

现代人的生活水准高，物质享受丰富，家中有多台电视机实不为奇。除了客厅外，卧室里也往往会放上一台电视机。某些城市寸金尺土，新档的睡房面积都十分有限，如果近距离对着一部有电流、辐射的物体，不利于健康。已有科学证明，床头放电视机染上某类绝症的概率是比较高的，且电流辐射会影响地气。如果睡房内要摆电视机时，要留意床头、床尾均不宜摆放电视机。既然床头、床尾皆不宜摆放电视机，那么剩下来的位置就只有床两边，或是床头床尾的侧面位置了，距离当然是愈远愈好。

13.怎样布置住宅的颜色？

色彩对人有相当大的影响，尤其是整天待在家里的人，更要注意。通常房间的颜色以感觉舒服为主。根据色彩的五行冷暖学，春夏两季出生的人，宜采用清凉、淡雅的颜色，如浅蓝、白色等，而秋冬出生的人，则适合明亮而有生气的色系，如红、绿、黄色系。

14.空调的正确摆放方式是什么？

为了对抗夏日的酷暑，很多家庭都有装空调，而且每个房间都有装。要注意的是，空调的位置装得不好，很可能会让家居环境变差。

（1）厨房的空调

厨房的炉灶掌管着全家人的胃，如果空调直接对着灶火，会使灶火不旺，连带破坏烹饪中食物的能量，进而影响到家人的身体健康。因此，厨房中能不装空调就尽量不要装，如果一定要装的话，就尽可能让风向冲着天花板。

（2）餐厅的空调

空调使用了一段时间之后，难免会堆积灰尘。当这样的空调再吹向餐桌时，很有可能让灰尘伴随着风而掉落在热腾腾的食物里，当然也很容易让桌上美味的饭菜变凉而影响家人的健康。所以，餐厅里的空调最好不要在餐桌的上方或附近。

（3）卧室的空调

人在睡眠的时候，毛孔是大开的，呼吸系统比较不设防。因此，如果空调风直吹人体，不仅会导致其身体不适，患上感冒，更容易招来邪气。因此，将空调的出风口往上调，或将房中的窗户微开，以均衡直吹过来的冷风。

（4）书房的空调

空调可以给人带来凉爽的感觉，所以有凝聚思考、提高读书专心度的功能。如果将书房的空调移于北方，利用空调运转的能量带动文昌好运，必能利于考生或研究学问的人。当然，必须注意的是，一定不能将空调的出风口朝向人的脸或头部，免得书还没有读完，头就已经痛得受不了。

15.鞋柜的放置有哪些讲究？

从科学的角度而言，大门一般依右（人于屋内，面对门口时的右方）而开，鞋柜置于右边，刚好是门后，开门即挡住了鞋柜，给房子的整体格局带来美观的效果。

鞋柜的高度在房间布置上是有要求的。一般把房子的高度均匀地分为3份，按中国古老的学说，上为天，中为人，下为地。鞋柜是储藏鞋的，鞋在外面走路接触地面会沾上很多污秽的脏东西。所以鞋柜的高度最好不要超过房子的1/3的高度。如果鞋柜太高太大，可以把曾经穿过的鞋子摆放在鞋柜1/3以下的柜格内，将未曾穿过的新鞋安放在1米以上的柜格内。另外，旧鞋子细菌较多，也不宜摆放在屋内稍高的位置，不穿就扔掉，否则空间弥漫细菌，影响健康。

16.电线的布置有哪些讲究？

现代化的家庭，电子产品特别多，家中的电线也愈来愈多。大量电线在家中不规则地出现，严重影响家居环境。电脑是电子产品中制造最多电线的“元凶”，特别是台式电脑，附在主机身上的电线更是多不胜数。

要减少外露的电线，可以买一个电线盒，将多出来的电线收藏在盒内。另一个方法是，尽量多安装一些入墙电插座。新居入住前，请装修工人尽量多加装入墙电插座，便可避免因为电插座不够用，而使电线横跨整个大厅。

电线不宜大量出现在家中

17.垃圾桶应该怎样摆放？

垃圾桶的位置，会影响到家中成员的身体健康。因此，垃圾桶最好能隐藏起来。将垃圾筒收藏起来或买一个漂亮的垃圾桶，使人远远看去分辨不清那是否为垃圾筒，这种摆设方式是比较有保障的。

另外，垃圾桶越少越好，而且越小越好，亦要每天清倒，经常清洗，不能发出臭味。

屋内的垃圾桶越少越好

18.床的安放有哪些讲究？

人一生的三分之一都会在床上度过，可见床对人的身心健康的作用有多大。具体来说，卧室安床有几大讲究。

①对于床本身，要考虑的是其长

度、宽度是否足够，床体是否平整，是否有良好的支撑，以及舒适性。

②床不管位于何处，关键在于应该让卧者可以自床上看见卧室的门与窗，并且在黎明时分，会有阳光照射到床上，以助于吸收大自然的能量。

③床位最好选择南北朝向，顺和地磁引力。因为人体的血液循环系统中，主动脉和大静脉最重要，其走向与人体的头脚方向一致，头朝南或朝北睡眠，人最容易入睡。

④床头宜实不宜虚。床头应该靠墙，不可靠门、窗。床如果不靠墙的话，床头必须有床头板，令头部不至于悬空，并且，床头后面不可是厕所或厨房。

⑤床不可对门，以免被人一览无遗，毫无私密性和安全感，以及影响休息。如果遇房门相冲，则可以用屏风来挡门。这样不仅避免了床门相冲，同时也维护了卧室的私密性。

⑥床不可对镜。因为夜半起床，人在半梦半睡之间，容易被镜中影所惊吓，导致精神不安宁、头晕目眩，而且镜子易将人体的能量反射出去，导致不育症。如果卧室中有镜子对床，可在晚上用布盖住它或把它转向墙壁，当然最好的办法是将镜子镶嵌在卧室衣柜内部，照镜时打开，平时不用时将门合上。

床头不宜虚

19.卧室的窗户应该怎样设计？

阳宅风水上有“明厅暗房”的说法，意思是客厅的采光要尽量明亮，而卧室则需要相对柔和的光源。因为卧室是休息的地方，太强的光线会使人心神不宁，影响睡眠质量。

窗户如果朝向东或西方，在早上和下午有强烈的光线射入，会影响休息，所以卧室窗户能朝向南或者北方比较理想。卧室窗户也不宜过多，窗户上最好能安装厚窗帘，一来隐藏私密，二来削弱强光。

卧室不宜采用落地窗，因为落地窗虽然能够看到更多的景致，但巨大的窗户可能在夜间变成一面巨大的镜子，而且落地窗的悬空感会使人紧张。尤其在半夜醒来的朦胧时刻，落地窗可能会给人带来错觉和不安全感。

另外，窗户上不宜挂风铃，否则容易令人头晕、心浮气躁。

20.怎样布置儿童卧室？

卧室是孩子的自由小天地，家长在为孩子装修房间时，在布局上必须充分考虑儿童卧室的这些特殊的要求。

①安全问题。儿童卧室装饰装修最

重要的是安全，因此，儿童居室家具摆放要平稳坚固，尽量多用圆形，忌用玻璃制品，避免尖角和降低磕碰的危险。近地面电源插座要隐蔽好，防止孩子触电，最好用防触电开关。儿童卧室的地面避免用石材，以铺天然的木地板最佳，既安全又易清洁。

②颜色。儿童卧室内部的颜色对小孩的心态有很重要的影响，因此，儿童卧室的色彩应丰富多样、活泼新鲜、简洁明快，具有童话意境，不可用太刺眼的大红大紫色，避免刺激小孩，也忌用黑色及纯白，以淡蓝色为底，点缀一些草绿、明黄、粉红的色泽为好，能取得和谐的效果。另外，不同的年龄、男孩和女孩均可使用不同的颜色，颜色不要单一。

儿童卧室的色彩宜鲜艳

21.哪些植物适合放在卧室？

小型、中型盆栽以及吊盆植物都适合摆放在卧室。面积较大的卧室可以摆放较高的盆栽，吊挂式的盆栽则适合面积较小的卧室。

如果想有效提高睡眠质量，可以摆放茉莉花等能够散发香甜气味的植物。如果想松弛神经，就应该选择君子兰、黄金葛、文竹等具有柔软感的植物。

切忌在卧室摆放过多植物，否则植物的阴气对居住者有害。另外，大多数植物在夜间会变为吸收氧气而呼出二氧化碳，如果在卧室摆放了太多的植物，就会令睡眠质量大打折扣，不利于健康。

22.客厅应该如何布局？

客厅是家庭当中的主要公共空间，为全家人聚集及接待宾客的最佳空间，因此，其布局关系着整个家运。客厅应在住宅的居中位置，且应在住宅前方。客厅采光必须良好，而灯具的选择，则以圆形为最佳，以取其圆满之意思。

客厅的动线以直敞为首要。自大门望入，最忌讳直接看到厨房的灶台，若自大门可看到厨房的灶台，可用屏风或高柜为遮蔽。除此，入门处亦应避免看到所有的房间门和后门，否则便有“前门进，后门出，无法积财”之虑。并且，走道应避免直向或横向贯通全室。

鱼缸、盆景有“接气”的功用，客厅摆放鱼缸、盆景可使客厅更富生机。此外，壁钟亦为不错的客厅摆设。

23.为什么说厨房颜色选用白色为好？

厨房的颜色以白色为最好，这基于两个原因：

首先，白色可以很好地表明卫生状况，一尘不染的厨房让人对食物放心。

其次，白色与人的食欲有着密切的关系。在用餐时，无论哪种情绪被调动起来，都会对食欲产生抑制，从而干扰到进食。而白色是所有色彩中最简单的，有助于情绪的平复。当人们因端菜或盛饭走进厨房时，厨房四面的白墙能够使饭前各种激动的情绪渐渐平复，使人的注意力转移到饭菜上，从而唤起食欲。

24.阳台布置要遵循哪些法则？

阳台，饱吸宅外的阳光、空气及风雨，是住宅中与大自然最接近之处，是家居纳气的重要通道。由于阳台多是开放式的，或用玻璃门来隔开，所以其极易受外界不良环境、噪声等的影响。所以，对整座住宅的环境来说，阳台具有相当重要的作用，必须遵循一定的法则。

阳台布置以清爽为宜。阳台是与大自然交流的空间，要保持整洁，不可堆放杂物。可以在阳台侧墙面、地面做一些装饰美化，比如在侧墙上装置一些富有韵味、清新宜人的装饰品，还在阳台种植花草，营造园林小空间，为家居增添自然景致。

25.卫生间的镜子有怎样的作用？

住宅当中，卫生间是最适合设置镜子的地方。对于没有窗户的卫生间来说，镜子可以起到提升空间感的作用。

卫生间的镜子应该尽量挑选较大的，它可以尽可能地扩张因睡眠而收缩的能量，使人精神百倍。一般说来，卫生间的镜子以方形为佳，方形代表平衡和有序。如果再配上圆形的洗手池和灯光，则更利于建立平衡感。圆形和椭圆形的镜子也适合。

要注意，镜子和马桶不要正对。马桶作为排泄秽物之地，不必去“照镜子”。在马桶上看不到镜子，照镜子的时候看不到马桶，就是合理的局面了。

26.怎样设计书房？

书房应该位于一个安静的空间。如果书房和卧室、客厅或者厨房相通连，就要小心确保书房的活动是独立的，可以选择屏风来达到这一目的。使用卧室来做书房很不明智，因为这样卧室就不会是一个放松的地方。

书房灯光的强弱对人的影响很大。柔和明亮的灯光宜于视力，而强烈的灯光或彩光则会扰乱视线，引起房主精神不定、思想分散，不宜使用。

书房内整体颜色布局合理，则会时刻影响房主的视觉效果，从而引起房主感观上的喜悦，有利于房主学习的心态调整。书房的整体色彩调配，以文雅、明亮的颜色为佳，以浅色为主。

书房窗户的大小应与书房整体相协调。窗户的朝向最好是向着东方、南方。东方与南方是对着太阳的方向，有利于采光纳气、开启智慧。

27.餐桌有怎样的讲究？

餐桌是家庭成员聚集吃饭的地方，应该放在相对安静的区域。因此，餐桌不宜正对大门，否则会影响用餐环境的安宁，长久下去还会滋生不安全感，三口之家尤其要注意，因为对孩子的影响要远远超过大人。

餐桌不能与厕所大门直冲，否则气流会直接影响家人的身体健康，对老人和孩子的危害最为明显。如因客观原因无法改变，可用大型植物和屏风进行遮挡，同时可美化居室。

餐桌上方不宜有横梁压顶，否则家人用餐时会有压抑的视觉感受，同时不利家人健康和营养吸收，也不利于家人之间的和谐氛围。如果因客观原因无法避免，可在横梁两头的下方放上开运竹等植物，化解不利。

餐桌宜选圆形或正方形。方圆是中国文化传统的形状，象征着一家人团圆和谐、亲密无间。

28.住宅内房间不理想时怎么办？

在环境学上，只有方正的房间才能很好地采纳四方之气，一旦房间出现了狭长或不规则形状，则是不理想的。但在现代建筑中，这种情况很常见。遇到这种情况，就要在房间的布置上做些改动，以利于住宅的居住环境。

狭长的房间是指长超过宽一倍以上的房间，这种房间会让人感觉不舒服。对于这种房间，可以用隔断将其改为两个空间，如，客厅可以隔出一个饭厅或休息间，卧室可以隔出一个书房或更衣间。但这种隔断要注意通风透气，不宜用高大的家具或建材完全隔为两间，宜采用一些矮小的家具做隔断。

不规则的房间显得畸形，建议借由物品与布置，让房间“看起来”是一个方正的格局，例如，在缺角的地方装设镜子或布帘等。如果不规则房间较大，可以考虑将其隔成两个空间，使主要空间保持方形。

附:经络保健养生操

捏脊：增强免疫力的经络保健法

《黄帝内经》里说，督脉是诸阳之会，人体阳气借此宣发，它是元气的通道。我们经常会说“挺直你的脊梁”，就是因为那里最能够展现人的精气神，所以，打通督脉，是可以增强体质，祛除许多疾病的。不过要怎么去打通它呢？捏脊就是一个非常不错的方法。捏脊能够很好地调节脏腑的生理功能，特别是对胃肠功能具有非常好的调节作用，可以有效地提高身体的抵抗力。但是在实际操作的时候，捏脊是需要得到家庭当中其他成员的帮助的。具体的操作方法如下：

取俯卧位，然后让家人用双手的拇指、中指和食指指腹，捏起你脊柱上面的皮肤，然后轻轻提起，从龟尾穴开始，一边捻动一边向上走，直至大椎穴为止。从下向上做，单方向进行，一般捏3～5遍，以皮肤微微发红为度。

在为家人捏脊的时候，一定要注意以下几点：

（1）应该沿着直线捏，不要歪斜。

（2）捏拿肌肤时要注意松紧适宜。

（3）应该避免肌肤从手指间滑脱。

除此之外，还有一个打通督脉的方法就是暖脊功，这其实是瑜伽的一种功法，在这里可以借用一下。很简单，就是抱成团，在地上打滚。不是真的滚，而是脊椎受力，以头臀为两头，像小船似的两边摇，这个方法非常有效，大家可以试一下。另外要在地板上做这个动作效果才会好，在床上，特别是在床垫上做则没有什么效果。

甩手功：气血通畅，告别慢性病

“甩手疗法”又称“甩手功”，是由古代的“达摩易筋经”演变而来。“易筋”的意思就是使微病之筋变为强壮之筋，使有病的人慢慢痊愈，无病的人体质健壮。甩手功可以活动手指、手掌、手腕、足趾、足跟、膝部的12条筋脉，使气血良好地循环，很多病也就不治而愈了。

甩手动作相当简单，身体站直，双腿分开，与肩同宽，双脚稳稳站立，然后，两臂以相同的方向前后摇甩，向后甩的时候要用点力气，诀窍就是用三分力量向前甩，用七分力量向后甩。练功时，要轻松自然，速度不要过快，刚开始可以练得少一些，然后慢慢增加次数，否则一下子就会产生厌倦感。

这种甩手功会牵动整个身体运动起来，从而促进血液循环，虽然做起来有些枯燥，但是，健康的身体恰恰来源于每天的坚持。

1. 甩手治癌

中医认为癌与瘤都是气血结聚、经络阻塞不通的结果，经常甩手有利于吐故纳新、补气益血，从而防治癌症。

每天上午、下午和晚上各甩2000下，不间断地甩5个月，有利于肺癌的治疗。

患关节炎、大便后流血者，练习甩手后两种病可见好。

若患食道癌，可逐步改善情况。

颈部生淋巴癌，每日甩手2000下，便可胃口大增，辅助治疗淋巴癌。

甩手时，眼睛向前看，心中不怀邪念，只默数数字，开始可先做两三百下，逐渐增多，做到每次一千多至两千多下，约半小时。

2. 甩手治眼病

《内经》中说“目受血而视”，所以眼睛的问题其实就是血的问题，气血如果不能到达眼睛，必然会引发各种病变。甩手功就是要让气血流动起来，到达身体各个部位，以供正常生命活动所需。

若患高血压影响了眼睛，经过甩手后，血压恢复正常，眼镜也可以不用戴。

患白内障者，每日甩两次，早甩800下，晚甩1000下，4周以后可以见疗效。

眼睛有沙眼、有色盲、眼皮上生小瘤，甩手后体质增强，也能促进眼疾康复。

3. 甩手治半身不遂

半身不遂和中风、高血压、关节炎往往联系在一起，这是因为身体内部气血不平衡，影响分布，使经络、肌肉、骨节起了变化。

高血压的特点是两边脉压不一样，一边高（多），一边低（少），有的每分钟相差20跳、10跳，往往一边手脚有酸、痛、麻木的反应。实质上，上下往往也有问题，上边是充血，下边是血气走不到。甩手对此病有特效，还可以防止中风的前兆。

甩手功对半身不遂有特效，因为半身不遂是头重脚轻即上实下虚，而甩手可以平衡体内气血分布，从而对半身不遂产生特效。

练甩手功一段时间后，会出现流汗、打嗝及放屁等现象，这就表明体内的气已经通了，气通了，身体自然就轻松了。

甩手功动作并不难，难的是坚持。如果工作比较繁忙，可以在每天晚饭前的几分钟甩一甩手，工作的间隙也可以做一做，如果每天能坚持做10分钟，效果会更好。常练甩手功，能甩掉亚健康，甩出好身体，让你神清气爽、身心通透、容光焕发。

揉腹：润肠通便，告别亚健康

有些上班族的精神状态很不好，天天无精打采，头昏脑涨，食欲不振，还总是失眠，导致工作业绩严重下滑，领导很不满意。去医院检查也查不出什么结果，可就是不舒服，总感觉身心疲惫。其实，这些都是身体处于亚健康状态的临床表现。

亚健康，即指非病非健康状态，是介于健康与疾病之间的状态，如果把健康和疾病看做是生命过程的两端的话，那么它就像一个两头尖的橄榄，中间凸出的一大块，正是处于健康与有病两者之间的过渡状态。亚健康状态也是很多疾病的前期征兆，如肝炎、心脑血管疾病、代谢性疾病等。亚健康人群普遍存在“六高一低”，即高负荷（心理和体力）、高血压、高血脂、高血糖、高体重、高血黏度、免疫功能低。

现在国际公认应对亚健康最好的办法是中国的经络按摩法，它无创伤性、无痛苦、无副作用，安全可靠，集保健、医疗于一体。而腹部按摩则可以治愈消化不良、月经不调、习惯性便秘等常见病，还能振奋精神，调整睡眠状态等。

专家认为，腹部是许多重要经脉循行和会聚之所，是人体气血循环、阴阳升降之通道。通过对腹部的按摩，除了可以塑身，还可以防治五脏六腑的病变，并保持十二经脉的气血旺盛、循行畅通，减少废物的滞留，从而对人体各部分起到治疗和调整的作用。主要穴位有中脘、建里、天枢、气海、关元、章门等。

腹部按摩最常见的手法是“二指叠按法”，即两拇指重叠，按的轻重以手下有脉搏跳动和不感觉痛为最佳；另外一法是“波浪式推压法”，即两手指并拢，继而左掌用力向后压，一推一回，由上而下慢慢移动，好像水中的浪花。

处于亚健康状态的人，除了疲劳和不适，不会有生命危险。但如果碰到高度刺激，如熬夜、发脾气等应激状态下，很容易出现猝死，就是“过劳死”。可见，亚健康对上班族的危害是十分严重的，我们应及时树立健康观念，拥有强烈的自我保健意识，还要注意平衡膳食、坚持运动，以杜绝亚健康。

揉膝：减缓膝关节退化，告别风湿病

揉膝疗法源于古老的导引术，是一种实用的自我医疗保健外治手法。具体指的是采取站立、高坐、盘坐、深蹲或者仰卧的姿势，两手掌含虚，紧贴在两膝部位，做圆周揉摩。其手法属于传统按摩手法中的揉法，动作简洁，易于练习。揉膝疗法源于古老的导引术，是一种非常实用的自我医疗保健外治手法，在《武当太极揉膝功》《达摩秘功》等著作中均有记载，用以舒缓和放松，治疗腿膝疼痛无力，有强膝和健步的功效。

1. 浴腿揉膝治腿疼

俗话说：“人老先老腿。”很多老年人都有不同程度的腿部疾病，如果经常浴腿揉膝，就能缓解腿疾。

浴腿：两手先紧抱左腿大腿根，用力向下擦到足踝，然后再擦回大腿根。如此上下来回擦10次，右腿也擦10次。

腿是担负上体的骨干，有3个关节，而且是足三阳经和足三阴经的经络要路。因此，浴腿可使关节灵活，腿肌增强，有助于防治腿疾。

揉膝：两手掌心紧按两膝，一齐先向左旋转10次，再向右旋转10次。膝关节内多韧带、肌腱和关节囊，所以恶湿怕寒。如能经常左右揉擦，有助于防治关节炎等难治之症。

2. 包揉膝盖髌骨，松解关节粘连

先找到髌骨，髌骨就像一个壶盖，扣在人们的膝关节上面。找到它以后，用一个手掌或者是两个手掌包压在髌骨的上方，然后由轻到重慢慢用力，进行来回揉撵，做3分钟左右就可以了。此手法可以松解粘连，因为膝关节病容易导致肌肉之间或者韧带之间粘连，通过揉动，可以让粘连分开，疼痛就会消失。

3. 过力揉膝不可取

很多老人都认为猛揉膝盖能减少摩擦感，减轻疼痛，其实，这种做法是没有科学依据的。把双手放在双膝上轻轻揉动，力度轻而柔，像是抚摩，这是一种反射性的保护，会使膝盖感到温暖，消除疲劳，还可增加局部血液循环，对膝关节的确有益。但是，用力过大的按揉则是错误的，这样的动作很可能会加重软骨的损伤，把已经产生病变的软骨磨得更糟，甚至影响软骨下面的骨质，导致疼痛更加严重。所以，由于力量不好把握，老人用力揉膝盖的做法不可取。

送髋：减缓腰背肌肉紧张，通达躯干经络

将双脚自然分开，与肩同宽，挺胸收腹，将髋部微微向前挺，膝关节稍微弯曲，假想会阴部的中点，正好对着两脚心（涌泉穴）连线的中点，这是本套经络保健操的一个特殊动作。

这个动作是这套动作中所独有的，它确实藏有新意，藏有玄机。通过练习这个动作可以减缓腰背部肌肉的紧张性，使脊柱放松，从而有助于躯干经络变得更加通达。

除此之外，将舌尖微微顶住上腭，颈部肌肉保持放松，面带微笑状，这样可以使面部的肌肉处于松弛的状态，双手自然下垂。闭眼，保持起势1～2分钟，并进行平静的呼吸。这样有助于肢体、头面部经络的通畅，也有助于心态的调整和放松，从而有利于进入下面的练功状态。

运球操：柔缓画圆运动，疏通全身经络

这个动作可以让全身在柔缓的画圆运动当中疏通全身的经络。

由起势开始，将右腿横跨一步，根据自身的耐受能力，将膝关节弯曲90°～135°成马步，即骑马蹲式，双臂前伸，双掌五指自然分开成抱球状，并始终保持抱住假想中“球”的姿势，运用腰、髋、肩、背的活动，充分向左、右、上、下不同的方向转圈，颈部要随着轻微转动，眼睛要求时时跟随着运球的方向移动，只有这样才能够逐渐达到形、意、神合一的境地。将这套动作重复进行30次。

实际上，这个练习是让全身都在一种柔缓的画圆运动当中疏通全身经络，算是经络保健功的热身环节。实践中，你会感觉在闲暇的时候，或者是心情不好的时候，单独练习这个动作，也会收到解乏和轻松全身的效果。

踮脚法：活动手脚，增强气血活动

这套动作尤其适合高血压、糖尿病和轻度冠心病患者进行练习。

保持起势的姿势，将双手前甩过头顶，同时深吸气，接着自然从胸前沿体侧将手向后尽量甩动，双脚同时踮起（提踵），同时呼气，反复进行50~100次。

在进行这套动作的时候，调息是非常重要的，由于上下肢的大肌群均要参加运动，并且还要有深呼吸进行配合，使气血活动增强，经络也自然贯通。

这套动作，尤其适合高血压、糖尿病以及轻度冠心病患者练习。这些慢性病综合治疗的理念主张让大肌群进行小强度、较长时间的运动，从而有利于增强心肌泵力、增加回心血量；有利于扩张外周血管、改善微循环、增加热量的消耗，同时还有利于增加机体的平衡性以及协调性，增加上下肢的肌力。对于高血压、糖尿病以及轻度冠心病等慢性病病情的稳定或是缓解，均具有较好的辅助效果。

堵耳朵：改善肾亏症状，促进内耳血液循环

堵耳朵，是在长期流传于民间的一种行之有效的健身方法，俗称“鸣天鼓”的基础上，经过稍加发展演变而来的，有利于改善因肾亏所引起的耳鸣、头痛、头晕、眩晕和健忘。

具体操作方法为：

（1）用双掌心相向压住双耳郭，将耳郭先摩擦20～30次。

（2）摩擦完双耳郭之后再将其压紧，用双手食指与中指交叉后发力，快速对后脑勺进行弹击，共击10下，以自己可以听见“砰砰”的响声为宜。

（3）接下来双掌交替进行按压—松开的动作，共进行20下，最后一次按压的时间要稍重稍长，并且按完之后快速打开双掌，同时可以听见“嗡”的一响。

其实，这一系列动作就是让耳道反复从密闭的状态突然间变成开放的状态，进而产生气压的快速变化。进行这个练习的时候，巧妙地运用了声音传导和气压的变化，促使内耳血液循环得到改善，对养益听力十分有利。

耳郭上分布着丰富的耳穴，它们是和体内脏腑以及四肢百骸相通的，是机体各种生理或者病理变化的一处重要窗口，而对耳穴进行按摩，也已经成为了中医的一种治疗或者是保健的方法。

通过以上这种按摩耳郭和双掌交替对耳郭进行按压—松开的动作，可以使耳穴得到尽可能的机械按摩，也能够使内耳得到气压按摩，对于改善机体的脏腑功能是非常有利的，长期坚持练习的话，对于因肾亏所引起的耳鸣、头痛、头晕、眩晕、失眠、记忆力减退、健忘和思维能力减退等症都具有一定的疗效，能够收到不错的健身效果。

上下转动：通达气血，保健全身

所谓的上下转动，指的就是转动全身的各个部位，从眼球开始，自上而下直至脚踝，在转动的过程当中，各个部位转动的幅度都要从小逐渐增大，并且要缓慢，方向左右交替，故而转转停停，能够令气血贯穿上下、通达全身。这套动作自上而下刚好要转动六个部位，即包含转眼、转颈、转肩、转腰、转胯和转膝踝6个动作。

1. 转眼

转眼可以缓解眼部疲劳。在做这个动作的时候，一定要尽量睁大双眼平视前方，以能够看到远处的绿树最好，维持10秒钟，头身保持不动，开始按照“左—上—右—下—左”的顺序缓慢转动，并逐渐将转动的幅度放大，正反方向各转3圈后，停下来闭眼休息5秒钟，再按照上述过程重复一遍。这个动作可以活动眼部肌肉，加快气血流通，既可以缓解眼睛疲劳，又具有明目的效果。

2. 转颈

转颈能够防治颈椎病。双脚自然分开，与肩同宽，挺胸收腹，双手自然下垂，身体保持不动，开始按照“左—后—前—左”的顺序缓慢转动颈部10圈，并逐渐放大转动的幅度，结束时，在后仰位静止5～10秒钟，手后伸。再按照上述过程的反方向重复一遍。这个动作可以活动颈部肌肉，加快气血流通，缓慢牵拉颈肌，从而缓解颈肌疲劳，有助于防治颈椎病。

3. 转肩

转肩可以疏通肩颈部经络，防治颈椎病和肩周炎。双脚自然分开，与肩同宽，挺胸收腹，双掌始终自然贴住大腿外侧，在上下滑动的同时，按照“上—前—下—后—上”的顺序缓慢做耸肩和转肩的旋转运动10圈，结束时，双手贴住大腿外侧不动，同时用力挺胸并向前探头，维持这个姿势10秒钟，再按照上述过程的反方向，即“上—后—下—前—上”的顺序重复一遍。结束时，仍然需要双手贴住大腿外侧不动，同时用力挺胸并向前探头，维持这个姿势10秒钟。这个练习能充分运动和牵拉肩颈部肌肉，令肩颈部经络畅通，防治颈椎病和肩周炎。

4. 转腰

转腰能够防治慢性腰腿痛。双腿分开与肩同宽，缓慢转动腰部，先顺时针，后逆时针，各转20圈。在转腰的过程当中，要始终将双手背放在腰部，握拳，并用指掌关节顶住腰骶部脊柱两侧，让腰部产生的旋转力，与双拳指掌关节一直处于按摩状态。每一个方向转腰练习结束时，均需保持双拳顶住腰部前挺、颈部后仰的姿势10秒钟，进一步增强腰肌的力量。这个练习可以充分活动和牵拉腰骶部的肌肉韧带，同时对腰骶都的经络进行按摩，有利于经络畅通，对腰肌劳损等慢性腰腿痛的防治具有积极效果。

5. 转胯

转胯可以令泌尿生殖系统变得强壮。双腿分开与肩同宽，膝关节微微弯曲，双手叉髋转动胯部，先顺时针，后

逆时针。注意左旋转时，同时提肛，腰部以上要尽量保持正直，基本上只旋转胯部，每个方向转20圈。结束时，均需要保持胯部前挺10秒钟。这个练习可以充分活动、牵拉会阴部和髋部的肌肉韧带，对泌尿生殖系统的功能产生有益影响。

6. 转膝踝

转膝踝可以疏通下肢经络，预防关节疼痛。双腿分开与肩同宽，膝关节微曲，用两个手掌轻按于两侧膝盖，同时向里、外或者是同方向转动膝踝关节，每个方向转20圈。在结束时，双掌要保持稍用力后压的状态，使膝关节尽量保持10秒钟伸直状态。这个练习能够令膝踝关节得到活动，令下肢后群肌肉得到牵拉，有利于畅通下肢经络，提高膝踝关节灵活性。

掐揉头部：疏通头部经络，防治头晕头痛

掐揉头部，顾名思义，需要又掐又揉，这是一种防治头晕头痛的有效方式，能够很好地疏通头部经络。

这套动作的具体做法为：

（1）将双手五指尖平放在双眉尖至太阳穴一线，轻轻掐揉印堂穴（两眉连线的中点）、攒竹穴（在眉毛内侧端、眼眶边缘处）、丝竹空穴（眉梢处凹陷中）、太阳穴（眉外梢与外眼角之间向后约1寸处凹陷中）等穴位20～30次。

（2）在上述动作的基础上，将两手五指的位置逐渐平行向上，沿额部→顶部→枕部的方向一点点推进，每换一个部位，都需要同时用两手五指尖轻轻掐揉20～30次。此外，还要兼顾到加力掐揉上星穴（前发际正中直上1寸）、头维穴（额角发际之上0.5寸）、百会穴（两耳尖直上、头顶正中），推进到枕部后，用双手拇指加力掐揉风池穴（项后、大筋两侧的凹陷中、紧挨着露骨下缘处）20～30次。

这个练习对疏通头部经络对一般的头痛、头晕，眩晕、失眠、记忆力减退、健忘、思维能力减退等症都有一定的疗效。